코린이를 위한

친절한
가상화폐 투자

비트코인부터 메타버스 & NFT까지
이것만 알면 코린이도 단번에 대박!

코린이를 위한 친절한 가상화폐 투자

지은이 곽상빈
발행처 도서출판 평단
발행인 최석두
표지디자인 김윤남
본문디자인 신미연

등록번호 제2015-00132호
등록연월일 1988년 07월 06일

초판 1쇄 발행 2022년 04월 30일
초판 2쇄 발행 2023년 08월 01일

주소 (10594) 경기도 고양시 덕양구 통일로 140 삼송테크노밸리 A351호
전화번호 (02) 325-8144(代)
팩스번호 (02) 325-8143
이메일 pyongdan@daum.net

ISBN 978-89-7343-543-2 13320

코린이를 위한
친절한
가상화폐 투자

비트코인**부터** 메타버스 **& NFT까지**
이것만 알면 코린이도 단번에 대박!

곽상빈 지음

평단

전혀 다른 관점이 필요한
코인 투자

어두운 경제 전망에도 급등하는 비트코인

러시아와 우크라이나의 전쟁에서 뜻밖에도 가상화폐 시장이 요동치고 있다는 뉴스들이 쏟아져 나왔습니다. 한때 하락세였던 비트코인 가격이 전쟁 발발 후인 2022년 3월 1일 급등하기 시작했죠. 전날 대비 13%가량 상승했습니다. 가격이 올랐다는 것은 수요가 많아졌다는 뜻인데, 그 수요가 대부분 러시아에서 발생했다는 것은 주목할 만한 일입니다. 러시아는 비트코인 채굴 및 보유액 분야에서 세계 상위권에 해당합니다.

보통 전쟁이 벌어지면 주식시장은 얼어붙기 마련인데 코인 시장은 전혀 다른 양상을 보였습니다. 시장 전망이 어두우면 자산을 묶고 투자는 줄이려는 게 사람의 심리지요. 그런데 가상화폐 투자는 거꾸로 늘어난 것입니다. 그 배경에는 미국과 유럽이 전쟁을 일으킨 러시아의 자금줄을 묶기 위해 국제

은행(SWIFT) 결제망에서 러시아를 배제하는 조치를 취한 것에 있었습니다. 은행 돈을 끌어다 쓸 수 없게 된 러시아 사람들이 비트코인을 많이 매수하면서 코인 가격이 급등한 것입니다. 마찬가지로 전쟁 자금이 필요한 우크라이나도 복잡한 SWIFT 절차 없이 빠르게 자금을 확보하기 위해 코인을 매수하는 현상이 이어졌습니다.

그 상승세가 어디까지 이어질지는 두고 볼 일이지만, 여기서 말하고 싶은 것은 가히 세계전쟁에 비견될 만한 큰 악재에도 불구하고 가상화폐 가격이 오른 것은 가상화폐의 독특한 성격 때문이라는 사실입니다. 코인 투자자가 급증하고 있고 너도나도 그 흐름에 올라타고 있습니다. 가상화폐의 역사는 10년 정도밖에 안 되지만 코인 시장은 하루가 다르게 성장하고 있는데, 그 근본적인 원인은 높은 수익률에 있겠지요. 실제로 코인 투자로 불과 몇 달 만에 몇 억을 벌었다는 벼락부자 이야기도 들리지만, 그 반대로 하루아침에 큰돈을 잃었다는 이야기도 들립니다. 코인 투자에서 성공하려면 가상화폐에 대해 제대로 알고 전략적으로 접근해야 하는 이유입니다.

가상화폐 성격 이야기로 다시 돌아가면, 가상화폐의 가장 큰 특징은 탈중앙화입니다. 즉 가상화폐는 법정화폐와 달리 화폐를 발행하는 중앙은행도 없고, 송금을 중개하는 중앙 관리자도 없습니다. 가상화폐는 중앙 서버 없이 블록체인 네트워크에서 개인 대 개인으로 발행 및 거래되므로 언제, 어디서든 지불 수단으로 사용할 수 있을 뿐만 아니라, 매매가 가능하고 가상화폐를 법정화폐로 바꿀 수도 있습니다. 그래서 전쟁 자금 또는 사업 자금을 확보하기 위해 많은 러시아 사람들이 비트코인을 매수한 것이지요.

코인 투자의 모든 것을 다루다

이 책은 코인 투자자들의 수익률을 높이는 데 도움을 주기 위해 기획되었습니다. 무턱대고 코인 투자에 뛰어들었다가는 낭패를 볼 수 있는 영역이 바로 가상화폐 시장입니다. 가상화폐의 전 세계적인 거래량이 기하급수적으로 늘어나고 있는 것과 비례해 이를 악용한 범죄도 늘어나고 있습니다. 정부에서도 거래소 규제, 투자 규제, 과세제도 재정비 등을 추진하면서 코인 투자자들의 법적 보호 장치를 강화하고는 있지만, 주식시장처럼 안정화 단계에 접어든 것은 아닙니다.

최근에 핀테크(fintech) 혁명이라고 불릴 정도로 금융 서비스가 날이 갈수록 발전하고 있습니다. ○○페이, 앱카드 등이 급속도로 발전해 스마트폰만 있으면 결제나 송금이 언제 어디서든 쉬워졌습니다. 이에 우리 삶도 획기적으로 바뀌고 있습니다. 화폐를 직접 주고받을 일이 줄어들었고 굳이 은행 계좌가 없어도 금융 서비스를 누릴 수 있게 되었습니다. 그런 변화의 정점에 가상화폐가 있지요. 가상화폐가 무엇인지 물어본다면 명쾌하게 대답할 수 있는 사람은 거의 없을 것입니다. 가상화폐를 이해하려면 그와 짝을 이루는 블록체인의 개념도 알아야 하고 결코 단순한 분야는 아닙니다.

따라서 이 책은 백지상태에서 코인 투자를 시작하려고 하는 사람들도 쉽게 이해하고 투자에 적용하도록 코인 투자에 관한 모든 것을 담았습니다. 가상화폐와 블록체인의 핵심 개념에서 출발해, 거래소 가입 과정을 자세히 설명하고 있습니다. 우리나라 4대 거래소의 특성, 시장에서 주목받고 있는 주요 코인들의 특성과 전망 또한 담았습니다. 데이트레이딩을 위한 차트 분석 기법 및 매매 전략을 이야기하고 있고, 각종 인덱스 지수, ICO나 IEO에 참여하는 방법, 채굴 관련 내용도 빠트리지 않았습니다. 코인 투자 전략을 세우는 데 참고할 만한 거의 모든 것을 다루었다고 보시면 됩니다.

저는 변호사로서 가상자산 사건을 전담하고 있는데 사건 사고가 많은 영역이 또한 가상화폐 시장입니다. 제가 다루었던 사건들을 토대로 투자자들이 간과하기 쉬운 법적 내용과 횡행하고 있는 사기 유형에 관해서도 정리했습니다. 디파이(DeFi) 투자, 메타버스, NFT 같은 말들이 가상화폐 시장에서 핫이슈로 떠오르고 있는데 이 부분에 대해서도 4부에서 가급적 쉽게 정리하고자 했습니다. 그저 유행이라고 휩쓸리지 말고 정확한 개념과 실상에 대해 판단해 투자에 임하길 바랍니다. 부록에서는 신정부에서 달라질 코인 시장의 전망과 투자자들에게 유용한 정보 매체들을 소개하고 있습니다.

주식투자가 기업의 주인이 되는 과정이라고 한다면, 가상화폐 투자는 개발된 가상화폐의 기술과 활용 가능성의 주인이 되는 과정이라고 할 수 있습니다. 그만큼 가상화폐 투자는 주식투자의 메커니즘과는 지표가 다르고 가능성도 다릅니다. 막연히 "가즈아!"만 외쳐서는 반드시 손해를 보게 될 것입니다.

이 책은 코인 투자자들에게 필요한 모든 것을 담고자 했습니다. 이 책 한 권만 가지고도 코인 투자를 시작할 수 있을 것입니다. 궁극적으로는 투자자 여러분의 투자 수익률을 높이는 데 이 책이 도움이 되리라 믿습니다. 독자 여러분이 공부하는 자세로 이 책을 참고해 나가다 보면 분명 코인 투자로 1000% 이상의 수익률을 낼 수 있을 것입니다.

2022년 3월

곽상빈

가상화폐 투자 시 가상화폐의 역사나 그 이면의 기술적인 지식을 몰라도 이익을 내는 데는 큰 지장이 없습니다. 그러나 코린이라 할지라도 투자 시 기본적으로 알아야 할 용어와 기본 지식은 있습니다. 지금부터 설명하는 용어 정도는 최소한 알고 투자하는 것이 현명한 투자의 밑거름이 될 것입니다. 주식 용어와 일부 유사하므로 주식투자자라면 비교적 친숙할 수 있습니다.

가상자산 ETF: 가상자산을 증권거래소에 상장해 주식처럼 거래하도록 하는 상품을 말한다. 캐나다 토론토 증권거래소에 상장된 비트코인 ETF가 대표적이다.

거래소(exchanges): 가상화폐를 거래할 수 있는 가상의 시장을 말한다. 대표적인 원화 마켓 거래소로는 흔히 4대 거래소라고 일컫는 업비트, 빗썸, 코인원, 코빗이 있다. 2021년 12월 초 기준으로 가상자산 사업자 자격을 획득한 업체가 12곳, 가상자산 수탁업자로 신고 수리된 업체가 2곳으로 총 14개 가상자산 사업자가 존재한다. 앱을 다운받은 뒤 실명 거래 계좌를 만들어 연동하면 코인을 거래할 수 있는데, 업비트는 케이뱅크 계좌, 빗썸과 코인원은 농협은행 계좌만 사용한다. 코빗은 신한은행 계좌만 사용한다.

노드(nod): 블록체인은 중앙 서버가 없고 네트워크를 연결하는 개별 서버들이 중앙 서버 역할을 하는데, 이 서버들을 노드라고 부른다. 즉 노드란 블록체인 네트워크에 연결된 모든 개별 컴퓨터를 말한다.

논스(nonce): 블록체인에서 두 블록을 연결하는 접착제 기능을 하는 숫자를 논스라고 한다. 즉 논스란 두 블록을 연결하는 유효값에 해당한다. 문제는 비트코인의 경우 이 논스값이 10분마다 형성되는 블록에 따라 달라지기 때문에 그 숫자를 찾는 작업이 꽤나 까다롭다는 것이다. 그 논스값을 가장 빨리 찾아내는 채굴자는 보상으로 비트코인을 받게 된다.

데드캣 바운스(Dead Cat Bounce): 데드캣 바운스를 줄여서 데드캣이라고도 한다. "죽은 고양이도 아주 높은 곳에서 떨어지면 뛰어오른다."라는 말에서 유래했다. 가격이 크게 떨어지다가 잠시 반등하는 상황을 일컫는 말로 자주 쓰인다.

덱스(DEX: decentralized exchange): 탈중앙화 거래소. 중앙 서버 없이 블록체인상에 존재하는 가상화폐 거래소를 뜻한다. 빗썸, 코인원, 업비트, 코빗 등은 중앙화 거래소다. 중개자 없이 P2P 원칙에 따라 개인 대 개인 매매가 이루어진다.

디파이(DeFi: decentralized finance): 탈중앙화 거래소인 덱스(DEX)에서 제공하는 금융 서비스를 말한다. 기본적인 금융 서비스 외에 대출(borrowing), 스테이킹(staking), 스왑(swap), 일드 파밍(yield farming) 등의 서비스가 있다.

마진콜(margin call): 현재 보유한 자금보다 몇 배 높은 금액으로 투자하는 것을 마진 거래라고 하는데 투자자는 마진 거래에서 손해가 나면 원금 손해까지 감수해야 할 것이다. 거래소는 그 이상 손해가 나게 되면 투자자의 마진 투자금을 강제 청산해 피해액을 보전하게 되는데, 이를 마진콜이라고 한다. 마진콜이 날 때 예상했던 것보다 더 큰 손해가 난다. 시장가로 청산하기 때문에 걸어 놓은 호가창이 비면 이론상으로는 반 토막이 나야 하지만, 그 이상의 손실이 생기기도 한다.

백서(White Paper): 백서란 가상화폐 발행 시 해당 가상화폐의 기능, 기술, 목적 등을 정리한 보고서를 말한다. 코인 투자자들에게 그 프로젝트에 관해 일목요연하게 설명하는 일종의 '사업계획서'에 해당한다. 주식투자자들이 기업의 IR(기업활동) 자료 및 다양한 공시자료를 보고 투자를 결정하듯이 코인 투자자들은 백서를 보고 코인의 성장성 등을 판단해 투자를 결정한다.

분산원장 기술(DLT: Distributed Ledger Technology): 탈중앙화된 P2P 네트워크에 참여하는 노드들이 암호화 기술을 이용해 거래 정보를 검증하고 합의한 원장을 공동으로 관리하는 기술을 말한다. 쉽게 말해, 블록체인상에 참여한 개인 컴퓨터들이 거래 장부인 원장을 공동 관리하는 기술을 분산원장 기술이라 한다.

선물 갭(forward gap): 가상화폐는 연중무휴 24시간 거래가 지속되는 반면, 가상화폐 선물시장은 개장 시간과 마감 시간이 존재한다. 휴장 시간에 가격 차이가 발생할 수 있고 종가와 시가 사이에 차이, 즉 갭이 발생하는데, 그 차이를 선물 갭이라고 한다.

선물거래(forward): 선물거래란 장래 일정 시점에 미리 정한 가격으로 매매할 것을 현재 시점에서 약정하는 거래를 말한다. 반대말은 현물거래로 매매 대상물이 시장에서 거래소에 존재하는 거래를 의미한다.

스마트 컨트랙트(Smart Contract): 중개 기관 없이 개인 대 개인(P2P) 방식으로 계약을 체결하는 전자 계약 시스템을 말한다. 디지털 명령어로 계약서를 작성한 뒤 계약 당사자끼리 합의한 조건에 따라 자동으로 계약 내용이 실행되게 한다. 1994년 닉 사보가 개발했고, 2013년 비탈리크 부테린이 이더리움을 개발하면서 블록체인상의 스마트 컨트랙트로 기능을 확산했다.

스캘핑(scalping): 초 단위에 가까운 빠른 거래를 통해 매매 차익을 얻는 트레이딩 기법을 말하며 데이트레이딩의 다른 말로도 통용된다.

스테이킹(staking): 보유하고 있는 가상화폐의 일정량을 해당 블록체인 네트워크에 예치하고, 블록 생성 검증을 거쳐 가상화폐로 보상받는 절차를 말한다. 탈중앙화 거래소(DEX)의 디파이(DeFi) 서비스의 하나이나, 일부 중앙화 거래소에서도 스테이킹 서비스를 제공하고 있다. 중앙화 거래소에서는 블록 생성 검증 단계가 생략되며 일정 기간 코인을 예치해 락업하는 동안 보상을 주는 형태를 띤다. 자신의 가상화폐를 네트워크 운영자에게 예치해 그 지분(stake)만큼 보상을 받는다는 의미에서 스테이킹은 은행의 적금이나 예금에서 이자를 제공하는 개념으로도 이해할 수 있다. 가상화폐 시장에서 손실이 클 때 스테이킹을 하고자 하는 사람이 많아질 수 있다. 코인을 장기간 거래하지 않을 것이라면 스테이킹을 통해 이자를 받는 것이 훨씬 이익이기 때문이다.

알트코인(Altcoin: alternative coin): 비트코인(Bitcoin) 이후 등장한 후발 가상화폐를 일컫는 편의상의 용어. 주요 알트코인으로 이더리움, 리플, 라이트코인 등이 있으며, 시가총액이 순위권에 들지 않는 잡코인, 알트코인을 가장한 사기 코인인 스캠코인이 있다.

에어드롭(airdrop): 에어드롭이란 무상으로 홍보용 코인을 지급하는 것을 말한다. 기존 코인 보유자에게 지분에 따라 코인을 나눠주는 것 또한 에어드롭이라 하는데, 주식으로 치면 무상증자나 주식배당과 유사하다고 편의상 이해할 수 있다. 코인의 특성상 인지도가 높고 보유한 이들이 많은 코인일수록 향후 성장 가능성이 커지기 때문에 에어드롭을 하는 것이다. 에어드롭을 통해 안정성이 높은 코인이라는 이미지도 심어줄 수 있다.

장외거래(OTC: Over-The-Counter): 가상화폐 거래소를 통하지 않고 외부에서 매매하는 방법. 보통은 채굴자와 기관투자자들이 가상화폐를 대량 매매할 때 활용된다. 장외거래는 브로커를 통한 매매, OTC 트레이더를 통한 매매, OTC 데스크를 통한 매매로 구분된다.

재단(foundation): 가상화폐 발행 주체를 회사나 기업이 아닌 재단이라 부른다. 왜냐하면 탈중앙화된 가상화폐의 발행 주체는 근본적으로 개인의 이익을 위해 설립되지 않으며 개인 소유가 될 수 없기 때문이다. 따라서 기업보다는 재단에 가깝다. 가상화폐의 발행 목적은 개인의 이익 추구가 아닌, 블록체인 활성화와 토큰 이코노미 실현이라는 목적이 우선하기 때문이기도 하다.

증거금: 증거금은 마진콜을 당하지 않기 위해 넣어야 하는 추가 금액을 말한다. 코인 가격이 오를 것으로 확신이 선다면 증거금을 넣은 후에 버텨보는 것도 한 방법인데, 만약에 그렇게 버티더라도 마진콜이 난다면 원금 이상의 손실을 보는 셈이니 주의해야 한다.

지갑(wallet): 코인을 보관하고 송금할 수 있는 공간을 지갑 또는 전자지갑이라고 한다. 일반 화폐를 보관하는 지갑과 기능이 같아서 '지갑'이라는 이름이 붙었다. 코인용 전자지갑은 핫월렛(Hot Wallet)과 콜드월렛(Cold Wallet)으로 구분된다. 핫월렛은 인터넷에 연결된 지갑으로 실시간으로 사용 가능하다는 장점이 있는 대신, 온라인으로 연결되어 있어서 해킹 위험이 있다. 반면, 콜드월렛은 오프라인 상태의 지갑으로 스마트폰이나 PC에 연결해서 사용하는 카드형 또는 USB 스틱형 지갑이 시중에 나와 있다. 콜드월렛은 해킹 위험에서 비교적 안전하지만, 거래를 하려면 번거로운 절차가 필요해서 실시간 거래는 어렵다는 단점이 있다.

채굴(mining): 법정화폐를 중앙은행이 발행하듯이, 가상화폐를 새롭게 발행하는 과정을 채굴이라고 한다. 가상화폐마다 차이는 있지만, 일반적으로 채굴은 누구나 가능하며 별도의 발행 기관이 없다. 채굴의 의미를 다른 시각에서 설명하면 이와 같다. 가상화폐의 거래 내역은 인터넷의 '블록'에 담겨 전 세계 네트워크에 저장되는데, 이런 블록들이 연결된 인터넷 기록을 블록체인이라고 한다. 이때 블록을 생성한 이에게 보상으로 코인이 지급되는 과정을 '채굴'이라고 한다. 채굴자들은 코인 거래가 정상적임을 확인해주는 일을 함으로써 코인에 공헌을 하기 때문에 그 보상으로 코인을 얻게 된다.

코인 소각(Coin Burning): 코인의 발행량을 조절하기 위해 일정 물량을 없애는 것을 뜻한다. 코인 물량을 없애 코인 가격에 영향을 주려는 것이 코인 소각의 의도다.

트레이딩(trading): 코인을 매수하고 매도하는 과정을 통틀어 트레이딩이라고 한다. 코인 매매, 또는 코인 거래라고도 한다.

평단(price per coin): 평단이란 평균 단가의 준말로 주식시장에서와 동일한 의미로 사용된다. 얼마에 사서 얼마에 팔았는지 볼 때 현재 보유하고 있는 코인들의 평단을 고려하게 된다. 즉, 지금까지 누적해 매수한 코인의 평균 단가가 5,000원이고 코인 1개를 10,000에 매도했다면 5,000원의 이익을 실현하는 것이 된다.

프로젝트(project): 가상자산인 코인이 추구하는 미래의 효용성을 창조해내는 사업 구상을 말하며 프로젝트의 비전과 미션은 백서에 기재되어 있다.

하드포크(hard fork), **소프트포크**(soft fork): 하드포크란 블록체인을 업그레이드해 원본에서 분리해 독립시키는 것을 의미하고, 소프트포크란 기존의 블록체인을 업그레이드만 하는 것을 의미한다. 하드포크와 소프트포크가 있는 경우 시장에서는 호재로 인식해 코인 가격이 오르기도 한다.

해시(hash): 채굴을 완료하고 채굴자가 블록에 기록하는 암호화된 문자열을 말한다. 해시값이라고도 하며, 16개의 숫자 및 문자로 구성된다. 그 암호화 과정을 해싱(hashing)이라고 하며 이런 암호화 능력을 해시 파워라고 한다. 논스값과 비교해서 이해하면, 논스값은 블록 연결을 위해 입력하는 값이며, 해시값은 그 출력값이다. 해시값의 역할은 거래 완료된 내용을 조작하지 못하도록 봉인하는 것이다.

DID(Decentralized Identifiers): 탈중앙화 신원 증명 혹은 분산 식별자라고 한다. 마이데이터(My Data)를 현실화해주는 기술을 뜻하며 사용자가 플랫폼에서 자신의 주권을 스스로 관리할 수 있게 한다. 마이데이터란 자신의 신용 정보나 금융거래 정보 등을 정보 주체인 개인이 적극적이고 주체적으로 관리하는 시스템을 의미한다.

ICO(Initial Coin Offering): 주식시장에서 기업공개 혹은 종목 상장을 IPO라고 하듯이 ICO는 새로운 가상화폐를 거래소에 상장하기 전에 백서를 공개해 투자자를 모집하는 과정을 일컫는다. 가상화폐 공개라고도 하며, ICO에 참여해 투자하는 것을 사전 투자라고도 한다.

NFT(Non fungible Token): 대체 불가능한 토큰이라고 번역된다. 자산 소유권을 블록체인상에 등록해 고유값을 가진 토큰으로 발행한 것을 말한다. 진위 여부, 소유권 입증 여부가 중요한 미술품 등 예술 작품, 게임 아이템 등이 NFT로 많이 응용되고 있다.

PART 2

실전 코인 투자: "코인은 처음이에요."

– 투자 마인드, 거래소 가입, 종목 선정

4장 코인 투자자를 위한 돈 버는 마인드

PART 3

실력 UP! 코린이를 위한 알짜 전략: "돈 벌 준비 끝!"
– 차트 분석, 고급 매매 전략

9장 코인 차트 분석 기법

PART 4

가상화폐의 신세계: "하락장도 걱정 없어요."
– 디파이 투자, 메타버스 & NFT

Part 1

가상화폐와 블록체인의 이해:
"컴알못이에요!"

코인 투자자를 위한 기초 지식

가상화폐는 코인 투자 때문에 많이 알려진 표현이지만, 가상화폐 개념을 모르고 투자에 뛰어든 분들이 많습니다. 기본 개념도 없이 코인 투자를 시작하면 불안하기도 하거니와 수익을 내기가 어렵습니다. 따라서 이번 장은 코인 투자를 시작하는 분들을 위해 가상화폐의 기본 개념과 투자 시 자주 사용하는 용어들을 설명하고 있습니다. 가상화폐는 컴퓨터공학자들이 만든 것이므로 어려운 컴퓨터 연산에 관한 용어 및 내용이 있습니다. 컴퓨터를 잘 모르는 일반인들은 어려운 분야인 게 사실입니다. 그 원리와 용어를 다 이해해야만 코인 투자를 할 수 있는 것은 아니지만, 기초적인 원리에 대해서는 어느 정도 감을 잡고 가는 것이 좋습니다. 이 장은 가상화폐에 대해 어느 정도 감을 잡는 준비단계라고 보십시오. 구체적인 내용과 투자 시 활용 방법은 뒤에서 자세히 설명하고 있습니다.

1장

가상화폐의 개념 이해

가상화폐, 화폐와 어떤 차이가 있을까?

중앙 관리자가 없다

가상화폐란 인터넷이 연결된 곳이라면 어디에서나 사용할 수 있는 새로운 화폐라고들 말한다. 사람마다 가상화폐, 암호화폐, 가상자산, 코인 등 부르는 용어가 제각각이지만, 지칭하는 대상은 모두 같다. 가상화폐는 2009년 처음으로 등장했다고 하는 만큼 아직 우리에게 익숙한 개념은 아니다.

> 가상화폐, 암호화폐, 가상자산, 코인 등 다양한 용어로 불리지만 지칭하는 대상은 같다. 법률 용어로는 가상자산이 맞다.

블록체인 기술을 활용해 탄생한 가상화폐는 인터넷을 통해 세상을 바꿀 만큼 대단한 존재로 취급되고 있고, 지금도 투자의 대상이자 연구의 대상으로 삼고 있다. 별도로 통제하는 주체가 없이 사용자가 인터넷으로 타인에게 가상화폐를 안전하게 이전시킬 수 있고 이를 통해서 다양한 거래가 가능하다는 점에서 잠재력이 무궁무진하기 때문이다. 현재는 공공과 민간 기업 모두가 블록체인에 주목하며 이를 산업에 접목하려는 시도를 이어가고 있다.

가상화폐의 가장 큰 특징은 탈중앙화에 있다. 즉, 중앙 관리자가 존재하지 않는데도 화폐라는 이름을 사용하고 있다. 어떤 금융기관이나 정부도 가상화폐 운영을 통제하지 않아서 그 가능성이 무한한 화폐이다. 물론, 최근에는 가상자산에 대한 세금 및 금융 정보와 관련한 다양한 규제가 도입되고 시행을 앞두고 있으나 그렇더라도 탈중앙화의 개념 자체를 바꾸는 것은 아니다. 통제하는 관리자가 없고, 특정한 서버도 필요하지 않아 오히려 안정적인 네트워크 구축이 가능하고 데이터를 해킹해 악용하는 것은 더 어려워졌다. 가상화폐는 블록체인을 기반으로 거래되므로 관리자가 없더라도 거래의 발자취가 남게 되고 끊임없이 그리고 안전하게 거래될 수 있다.

가치 저장 기능이 우세하다

가상화폐가 법정화폐(fiat)처럼 기능할 수 있는지에 대한 관심이 뜨겁다. 앞서 설명한 것처럼 가상화폐는 탈중앙화되어 인터넷만 연결되면 언제 어디서나 교환의 매개체 역할을 할 것처럼 보이기 때문이다.

가상화폐가 화폐처럼 사용되기 위해서는 몇 가지 조건이 충족되어야 한다. 화폐의 역사에서 그 조건들을 따져보자. 초기 인류는 조개껍질을 화폐로 사용했는데 조개껍질 자체로는 아무런 경제적 가치가 없다. 조개껍질은 가치 저장보다는 교환 기능에 중점을 둔 화폐였다.

지금 우리가 사용하고 있는 지폐나 동전도 기능적 측면에서는 조개껍질과 다를 것이 없다. 교환의 기능만 수행하고 있기 때문이다. 가상화폐도 교환 기능이 있기 때문에 화폐로서 충분히 기능할 수 있을 것이다. 다만, 지금의 가상화폐는 교환 기능보다는 가치의 저장 기능, 그리고 일종의 투자의 대상이 되어버린 것이 현실이다. 가상화폐는 교환 기능만 지닌 법정화폐와 그런 점에서 차이가 있다.

가상화폐는 지금은 코인 투자처럼 투자 자산으로 인식되고 있지만, 법정화폐처럼 교환 기능도 한다. 특히 해외 송금은 가상화폐가 더 빠르고 저렴하다.

이런 차이는 현실적으로 무엇을 뜻할까? 이는 가상화폐를 회계에서 어떤 자산으로 분류하는지의 문제와 직결된다. 국제회계기준에서는 가상화폐를 사용 용도에 따라 통상 무형자산으로 규정하고 있고, 이를 사고파는 가상자산 사업자에게는 재고자산으로 회계 처리하도록 규정하고 있다. 학계에서는 가상자산도 주식처럼 금융자산으로 분류하자는 견해가 있는 것으로 보아 완전한 화폐로 기능한다고 단언하기는 어렵다. 그런데도 거래의 수단으로 사용될 가능성이 있다는 점에서 앞으로 가능성은 열려 있다.

법정화폐의 대안이 될 수 있나?

그럼에도 일부 국가에서는 비트코인 같은 가상화폐가 중앙은행이 발행한 법정화폐의 대안으로 주목받고 있다. 특히 정치, 경제적으로 불안한 나라일수록 국가가 보장해주는 법정화폐는 신용이 절대적이지 않고 별 의미가 없기

코린이를 위한 친절한 가상화폐 투자

때문이다. 화폐 가치가 시장의 가치와 상관없이 크게 요동친다면 누가 중앙은행에 돈을 맡기겠는가?

신용이 불안한 나라의 경우, 오히려 가상화폐가 통화 수단으로 더욱 안정적일 수 있다. 가령, 비트코인은 전 세계적으로 통화량이 정해져 있고 세계 어딜 가나 동일한 가치로 거래된다.

> 가상화폐는 현재 투자 대상으로 주로 통용되고 있지만, 일부 국가에서는 법정화폐처럼 교환 기능이 주가 되기도 한다.

그리스, 스페인, 아르헨티나, 키프로스 등 재정 위기를 겪는 동안 이 나라에서 비트코인이 지급 수단으로 환영을 받을 때가 있었다. 실제로 키프로스가 구제금융을 받게 되자 이 나라에 대거 비트코인이 몰리고, 아이슬란드에서는 경제 위기로 외환 거래가 금지되자 오로라코인이 유통되기도 했다.

사토시 나카모토와 비트코인

2009년 사토시 나카모토(Satoshi Nakamoto)라는 이름으로 비트코인이라는 암호화폐(cryptocurrency)가 세상에 소개되었다. 일본인 이름 같지만, 사토시 나카모토의 정체는 지금까지도 밝혀지지 않았다. 개인일 수도 있고 팀일 수도 있다. 국적 또한 일본인이 아닐 수도 있다. 어쨌든 사토시 나카모토가 가명인 것만은 분명하며, 그는 비트코인을 처음 암호화폐라는 이름으로 세상에 내놓은 장본인이다.

비트코인은 2009년 사토시 나카모토라는 가명의 인물에 의해 처음 세상에 알려진 암호화폐. 그는 2008년 11월 1일 백서(white paper)를 통해 비트코인의 정체를 처음 알렸다.

그런데 사실 비트코인이 나오기 10년 전인 1998년에 이와 유사한 암호화 개념의 화폐가 있었다. 크립토 라이브러리(Crypto library)의 개발자이기도 한 중국의 웨이 다

[그림 1-1] 비트코인 제너시스 블록

Bitcoin Genesis Block
Raw Hex Version

```
00000000  01 00 00 00 00 00 00 00  00 00 00 00 00 00 00 00  ................
00000010  00 00 00 00 00 00 00 00  00 00 00 00 00 00 00 00  ................
00000020  00 00 00 00 3B A3 ED FD  7A 7B 12 B2 7A C7 2C 3E  ....;£íýz{.²zÇ,>
00000030  67 76 8F 61 7F C8 1B C3  88 8A 51 32 3A 9F B8 AA  gv.a.È.Ã^ŠQ2:Ÿ a
00000040  4B 1E 5E 4A 29 AB 5F 49  FF FF 00 1D 1D AC 2B 7C  K.^J)«_Iÿÿ...¬+|
00000050  01 01 00 00 00 01 00 00  00 00 00 00 00 00 00 00  ................
00000060  00 00 00 00 00 00 00 00  00 00 00 00 00 00 00 00  ................
00000070  00 00 00 00 00 FF FF FF  FF 4D 04 FF FF 00 1D  ......ÿÿÿÿM.ÿÿ..
00000080  01 04 45 54 68 65 20 54  69 6D 65 73 20 30 33 2F  ..EThe Times 03/
00000090  4A 61 6E 2F 32 30 30 39  20 43 68 61 6E 63 65 6C  Jan/2009 Chancel
000000A0  6C 6F 72 20 6F 6E 20 62  72 69 6E 6B 20 6F 66 20  lor on brink of
000000B0  73 65 63 6F 6E 64 20 62  61 69 6C 6F 75 74 20 66  second bailout f
000000C0  6F 72 20 62 61 6E 6B 73  FF FF FF FF 01 00 F2 05  or banksÿÿÿÿ..ò.
000000D0  2A 01 00 00 00 43 41 04  67 8A FD B0 FE 55 48 27  *....CA.gŠý°þUH'
000000E0  19 67 F1 A6 71 30 B7 10  5C D6 A8 28 E0 39 09 A6  .gñ¦q0.\Ö¨(à9.¦
000000F0  79 62 E0 EA 1F 61 DE B6  49 F6 BC 3F 4C EF 38 C4  ybàê.aÞ¶Iö¼?Lï8Ä
00000100  F3 55 04 E5 1E C1 12 DB  5C 38 4D F7 BA 0B 8D 57  óU.å.Á.Û\8M÷º..W
00000110  8A 4C 70 2B 6B F1 1D 5F  AC 00 00 00 00           ŠLp+kñ._¬....
```

※ 첫 번째 블록의 코인베이스에 내장된 사타시 나카모토의 메시지.

이(Wei Dai)가 개발한 비-머니(B-Money)가 그것이었다. 비-머니는 전자현금 서비스시스템에 사용할 용도로 개발된 암호화폐였다.

비-머니와 이캐시

1997년 "디지털 익명의 상호 지불 거래와 계약"이라는 논문을 발표한 웨이 다이(Wei Dai)라는 컴퓨터공학자가 있다. 그는 이 논문에서 익명의 분산화 된 시스템을 통해 작업증명을 기반으로, 해시값에 의해 이루어지는 비-머니

(b-money cryptocurrency) 생성 방식을 소개했다. 비-머니 생성 방식은 비트코인의 채굴 과정과 매우 유사하다.

나카모토 사토시는 비트코인을 개발할 때 웨이 다이의 비-머니를 기초로 삼았음을 백서에 밝혔다. 웨이 다이와 함께 해시 캐시 작업증명 시스템을 개발한 영국의 컴퓨터공학자 아담 백(Adam Back)도 주목할 만하다. 나카모토 사토시는 비트코인 베타 버전 테스트를 위해 아담 백에게 이메일을 보낸 것으로 알려져 있다.

웨이 다이는 미국 워싱턴대학에서 컴퓨터학 및 수학을 전공하고 유전 탐사 전문 소프트웨어 기업인 테라사이언스(Terra Sciences)에서 보안 솔루션 분야의 경력을 가지고 있다. 그의 재능이 알려지면서 마이크로소프트사로 자리를 옮겨 암호화 시스템 연구 그룹에 참여하기도 했다. 이후에 데이터 보안 소프트웨어 설계 및 개발에 주력했는데, 소프트웨어 보안 및 암호화에 천재적인 재능을 갖춘 인재였다고 평가된다.

그렇다면 가상화폐 논의의 출발점은 웨이 다이의 비-머니일까?

거슬러 올라가면, 비-머니 또한 그 이전의 다양한 기술적 시도를 기반으로 탄생된 화폐임을 알 수 있다. 그중 대표적인 것이 데이비드 차움(David Chaum)이 개발한 이캐시(ecash)다. 데이비드 차움은 1981년 "추적 불가능한 전자 메일과 반송 주소 및 디지털 가명"이라는 논문을 통해 현재의 블록체인과 유사한 익명의 통신 기반을 마련했다.

코린이를 위한 친절한 가상화폐 투자

닉 사보와 스마트 컨트랙트

비트코인의 역사에서 반드시 언급되어야 할 또 다른 인물은 닉 사보(Nick Szabo)일 것이다. 닉 사보는 1998년 가상화폐 개념의 비트골드(Bit Gold)를 제안한 미국의 컴퓨터공학자로, 오늘날 전자계약서비스 시스템의 획기적인 개념인 스마트 컨트랙트(Smart Contract)의 기획자로도 알려져 있다.

스마트 컨트랙트란 중개 기관 없이 개인 대 개인(P2P) 방식으로 계약을 체결하는 전자 계약 시스템을 말한다. 디지털 명령어로 계약서를 작성한 뒤 계약 당사자끼리 합의한 조건에 따라 자동으로 계약 내용이 실행되게 하는 것이 스마트 컨트랙트의 핵심이다. 2013년 비탈리크 부테린(Vitalik Buterin)이 가상화폐 이더리움을 만들면서 블록체인상에서 스마트 컨트랙트를 처음 구현했지만, 1994년의 스마트 컨트랙트는 기획 단계였고 그저 디지털 계약 방식에 불과했다.

닉 사보의 비트골드는 실제 화폐의 금본위제 원칙이 가상세계에 구현되는 원리를 따랐다. 일정한 컴퓨터의 조각을 해독하면 비트골드를 얻게 되고 이를 공개키로 배분함으로써 네트워크에 그 기록을 남기는 방식이었다.

> 비트코인 탄생에는 기억해야 할 역사들이 있다. 웨이 다이의 비-머니와 데이비드 차움의 이캐시가 바탕이 되었고, 스마트 컨트랙트를 개발한 닉 사보와 아담 백도 큰 영향을 끼친 인물이다.

이 같은 닉 사보의 비트골드 원리와 해시 캐시에 의한 작업증명 방식으로 웨이 다이의 비-머니가 만들어졌고, 그 두 가지 모형이 결합돼 최초의 가상화폐인 비트코인이 탄생된 것으로 볼 수 있다.

비트코인의 특징과 원리

보안과 프라이버시

가상화폐는 기본적으로 블록체인 시스템상에서 거래되는 화폐다. 블록체인에 대해서는 뒤에서 곧 자세히 살펴볼 텐데, 이 시스템에 참여하는 모든 이들이 가상화폐의 모든 거래를 투명하게 공유하게 된다. 가상화폐를 전송하는 경우 전송자의 가상화폐는 줄어들고, 받는 자의 가상화폐는 늘어난다. 이런 거래를 그대로 공유하면 누가 얼마를 소유했는지, 누구와 거래했는지 참여자 모두가 알게 된다.

거래 절차와 방식이 투명하다는 점은 좋은 일이지만 다른 한편으로는 프라이버시 문제가 제기될 수도 있다. 가상화폐는 데이터로 존재하기 때문에 내가 가지고 있는 가상화폐의 거래 내역과 잔액을 다른 사람이 볼 수 있다면 보안 문제도 생길 수 있다.

비트코인의 창시자 사토시 나카모토는 기존의 정보 보안 분야에 활용되던 해시함수를 비트코인 거래 내역 암호화에 사용해 보안 문제를 해결했다. 해시함수란 데이터를 일정한 길이의 무작위 문자열로 치환하는 함수를 말한다. 이때 같은 데이터를 입력하

해시함수란 특정 데이터를 고정된 길이의 데이터로 바꿔주는 함수를 말한다. 비트코인 해시함수는 SHA-256으로, 우리가 입력하는 데이터를 16진수, 64자리로 바꿔주고 어떤 값을 입력하든지 항상 256bit로 변경해준다.

면 같은 결과가 나타나고 다른 데이터를 입력하면 다른 결과가 나타나기 때문에 보안을 유지할 수 있게 된다. 또한 결과로부터 입력한 데이터를 추론할 수 없다는 특징 때문에도 해시함수는 보안 유지를 가능하게 한다.

전 세계 모든 비트코인 거래 내역은 해시함수로 암호화되어 일정 시간마다 차례로 블록이 생성된다. 비트코인 거래 시 통장이나 거래 당사자의 정보는 필요하지 않고, 거래 기록도 암호화된다. 이처럼 익명성이 보장되므로 비트코인은 프라이버시에 강점이 있다. 대신에 불법적인 거래에 비트코인이 사용되는 위험도 발생할 수 있다.

그래도 비트코인은 매우 투명한 방식이라고 할 수 있다. 비트코인 네트워크 장부에 거래가 승인되고 나면, 그 기록은 사라지지 않고 분산장부(decentralized ledger)에 영구히 보존되기 때문이다. 즉 장부 조작이 어렵고 비트코인 거래를 취소할 수 없다. 이는 비트코인의 장점이자 단점이기도 하다. 비트코인의 움직임은 오로지 비트코인 주소라는 정보로만 추적이 가능하고, 비트코인 주소를 누가 가졌는지는 알 수 없다.

공개키와 개인키

비트코인은 전자서명을 통해서 거래된다. 전자서명은 공개키 암호와 해시함수를 이용한 기술이라 할 수 있다. 전자서명은 개인키(private key)와 공개키(public key) 쌍으로 구성된다. 개인키는 공개키에 대한 비밀번호에 해당한다. 개인키로부터 공개키를 알아낼 수는 있으나, 역으로 공개키로는 개인키를 알아낼 수 없다.

비트코인 네트워크에서 송신자는 거래 내역과 자신의 개인키로 암호화한 전자서명을 수신자에게 보낸다. 수신자는 전자서명된 데이터를 수신자의 공개키로 복호화하고, 이를 함께 받은 거래 내역과 대조해 일치 여부를 확인함으로써 전송 과정에 위변조가 없는지를 검증한다.

공개키와 비밀키(개인키)는 모두 숫자와 기호의 조합으로 이루어진다. 중요한 것은 비밀키인데, 비밀키는 51개의 숫자와 기호의 조합으로 이루어지고 공개키가 계산된다. 이를 몇 차례 해시함수로 계산하면 주소가 생성된다. 이 주소는 공개키에서 새로운 주소를 생성할 수 있어서 가변적이다. 새로운 주소를 만들더라도 과거 거래에 대응하는 과거의 주소들은 유효하다. 그래서 가능한 한 새로운 거래 시마다 새로운 주소를 만들어 거래하는 것이 프라이버시 관리에 좋다.

> 비트코인은 전자서명으로 거래되며, 전자서명은 공개키와 개인키(비밀키) 1쌍으로 구성된다. 공개키는 거래 시마다 새롭게 생성할 수 있고 개인키는 공개키의 비밀번호에 해당한다.

블록체인은 일종의 전자서명의 체인이라고 할 수 있다. 가상화폐 소유자는 거래 내역에 전자서명을 한 후 그 가상화폐를 다음 사람에게 전달하고, 이를 받은 사람은 자신

코린이를 위한 친절한 가상화폐 투자

의 공개키를 가상화폐의 맨 뒤에 붙여둔다. 가상화폐를 받은 사람은 전자서명을 통해 앞 사람이 정당한 소유자였음을 확인하게 된다.

비트코인 시스템에서 모든 거래를 공개적으로 알려야 하므로 정보 접근 제한은 불가능하다. 그러나 공개키를 익명으로 소유하도록 해 정보의 흐름을 차단하고 개인 정보가 유지될 수 있도록 한다. 외부에서는 누가 다른 누군가에게 얼마를 보냈다는 사실을 볼 수 있지만 그것이 거래 당사자들의 신분으로 연결되지 않으면 알 수 없다.

공개키의 보유자는 거래마다 새로운 주소를 생성할 수 있으므로 주소와 공개키를 매칭하기는 어렵다. 그러나 소비 패턴을 알고 있는 주변 사람이라면 거래 기록을 통해 당사자를 유추할 수도 있다. 그래서 공공 후원이나 기부를 받는 목적이 아니라면 프라이버시 측면에서 비트코인 주소를 SNS에 공개하는 것은 보안에 매우 취약한 행동이다. 여러 개의 지갑을 관리하면서 이 지갑들 사이에 비트코인을 이동시키는 거래도 비트코인의 거래에 영원히 기록된다는 점을 명심해야 한다.

프라이버시 관리를 위해서는 공개키를 재사용하지 않는 것을 권장하며 비밀키를 잘 보관하는 것이 필요하다.

비트코인으로 해외 송금

가상화폐는 투기성 자산으로 인식되는 경향이 있다. 가상화폐를 화폐라기보다는 투자의 대상이 되는 위험자산으로 보는 것이다. 그러나 가상화폐는 기

> 비트코인은 해외 송금에 간편하게 이용된다. 우선, 국내 가상화폐 거래소 계좌에 돈을 입금하고 비트코인을 산다. 매입한 비트코인을 해외 거주자에게 보내는데, 받는 곳을 해외 거래소로 하면 된다. 해외 거주자는 해외 가상화폐 거래소에서 비트코인을 화폐로 교환한다.

본적으로 화폐의 역할을 하므로 송금할 때도 활용된다.

비트코인의 경우에는 국내 송금과 해외 송금을 구분하지 않는다. 비트코인의 운영 주체는 국가가 아니므로 비트코인 시스템에서 볼 때 국경은 없기 때문이다. 비트코인 거래에도 비용은 든다. 블록체인을 유지하려면 채굴이 필요하고, 채굴을 하려면 전기료가 들어가기 때문이다. 비트코인 이용자는 다양한 형태로 이 비용을 부담하는데, 송금 시 수수료도 그 비용의 일부다.

기존 금융기관을 통한 송금 수수료는 송금 액수를 기반으로 하지만, 비트코인을 이용한 송금 수수료는 송금액에 따라 달라지지 않는다. 비트코인 송금 시 수수료는 정해지지 않았고 송금자가 정할 수 있다. 수수료를 높게 설정할수록 채굴자에게 동기 부여가 되기 때문에 송금 속도가 더 빨라진다.

비트코인의 해외 송금은 절차가 단순하다. 한국에 있는 사람이 해외 거주자에게 송금하는 경우, 한국 거주자는 우선 국내 가상화폐 거래소 계좌에 돈을 입금하고 그 돈으로 비트코인을 산다. 그리고 매입한 비트코인을 해외 거주자에게 보내면 된다. 받는 곳을 해외 거주자의 해외 가상화폐 거래소로 하면 되는 것이다. 해외 거주자는 비트코인을 받아 해외 거래소에서 매도해 화폐로 교환하면 된다. 생각보다 쉬운 과정을 거쳐 송금이 이루어진다. 가상화폐 거래소 가입 방식에 대해서는 6장에서 자세히 설명한다.

비트코인을 이용해 송금하는 경우 평균 1시간이 소요된다. 수수료를 전혀 지급하지 않는 경우 좀 더 오래 걸린다. 그래도 며칠 걸리는 은행 SWIFT 국제 송금에 비하면 굉장히 빠른 것이다. 최근에는 비트코인의 가격이 오르면서 송금 수수료가 비싸졌다. 그래서 비트코인 대신 송금에 특화된 가상화폐가 등장하고 있는데, 이에 관해서는 8장 다양한 코인의 세계에서 자세히 살펴본다.

전자지갑, 핫월렛과 콜드월렛

가상화폐도 은행 계좌처럼 화폐를 보관할 수 있는 계정이 있는데 이를 지갑 또는 월렛(wallet)이라고 한다. 가상화폐 지갑은 주소 형태로 되어 있으며 현금 지갑과 비슷한 역할을 한다. 일상적인 용도로 소액 현금을 지갑에 넣고 다니듯이 가상화폐를 인터넷이 연결된 컴퓨터에 넣어두고 사용할 수 있다.

가상화폐에서 계좌번호의 역할을 하는 것이 가상화폐 주소이고, 비밀번호 역할을 하는 것이 개인키이다. 계좌번호 역할을 하는 가상화폐 주소는 공개된 것이므로 공개키라고도 불린다. 가상화폐 거래 계좌번호는 공개되지만, 거래 시마다 새롭게 바꿀 수 있고 계좌번호의 주인이 누구인지는 아무도 모른다. 앞에서 이야기한 '공개키와 개인키' 항목과 연결하면 이해하기 쉽다.

가상화폐를 소유하게 되면 지갑에 넣어서 보관하게 된다. 즉 가상화폐 거래 내역이 담긴 공개된 주소와 이에 대한 비밀키를 보관하는 것이다. 이런 전자지갑은 은행의 계좌와 유사하다. 은행에서 개인 계좌에 예금을 보관해주는 것처럼, 개인은 전자지갑에 가상화폐 소유를 증명할 수 있는 비밀키를 보관한다.

가상화폐를 보관할 수 있는 계정을 지갑 또는 월렛(wallet)이라고 한다. 가상화폐 지갑은 지갑의 주소와 암호로 구성되는데, 이를 각각 공개키와 개인키라 한다. 가상화폐 지갑에는 핫월렛과 콜드월렛이 있다.

이때 비밀키, 즉 암호는 매우 중요하다. 종종 거래소가 해킹되어 가상화폐가 털리는 경우가 발생하는데, 가상화폐 주소와 암호가 유출되어 가상화폐를 도난당한 것으로 보면 된다. 거래소는 가상화폐를 물리적으로 보관하는 곳이 아니라, 가상화폐 소유자들의 가상화폐 주소와 매칭되는 개인키를 보관하는 곳이다. 이런 가상화폐 주소와 매칭되는 비밀키가 유출되면 가상화폐를 도난당할 위험도 존재하므로 비밀키는 안전한 곳에 보관해야 한다.

가상화폐를 보관하는 개인 지갑은 핫월렛(hot wallet)과 콜드월렛(cold wallet)으로 구분된다. 핫월렛은 온라인에 존재하는 지갑이고 콜드월렛은 인터넷에 접속되지 않은 지갑을 말한다. 핫월렛에는 컴퓨터 안에 두는 데스크탑 월렛, 인터넷의 웹 월렛, 스마트폰의 모바일 월렛이 있다. 핫월렛은 사용하기 편하다는 장점이 있으나 해킹에 취약해 소액을 제외하고는 사용하지 않는 것이 안전하다. 콜드월렛에는 전용 단말기를 사용하는 하드웨어 월렛이 있다. 가장 단순하고 안전하게 가상화폐를 보관하는 방법은 하드웨어 월렛을 이용하는 것이다.

가상화폐 지갑은 개인이 PC에서 만들 수도 있지만, 관리가 불편하기 때문에 대개는 가상화폐 거래소에서 제공하는 웹 지갑을 사용한다. 지갑의 주소가 너무 길고 복잡해서, 거래소들은 지갑의 주소를 표시한 QR코드를 스마트폰으로 촬영해 인식할 수 있는 기능을 제공하고 있다.

코린이를 위한 친절한 가상화폐 투자

이번 장에서는 블록체인 기술에 대해 핵심적인 내용을 정리했습니다. 코린이도 쉽게 이해할 수 있도록 일상적인 비유를 들어 풀어내고자 했습니다. 코인 투자를 하다 보면, 채굴(mining)이니 노드(nod)니 논스(nonce)니 해시(hash)니 하는 전문용어들을 자주 접하게 되는데 애매하게 이해했던 개념들을 여기서 확실히 잡고 넘어가길 바랍니다. 특히 가상화폐 채굴에 대해 관심 있는 분들이 많을 텐데 여기서는 채굴의 개념과 방식 및 과정에 대해 설명하고 있습니다. 또한 블록체인상의 중요한 개념인 스마트 컨트랙트(Smart Contract)에 대해서도 분명하게 짚고 넘어가길 바랍니다. 여기 설명된 개념을 토대로 본문을 읽으면 더욱 이해하기 쉬울 것입니다.

2장

블록체인과 채굴의 이해

쉽게 이해하는 블록체인 용어들

투명한 거래, 공개 검증

기업에서 이루어지는 모든 거래는 회계부서가 기록한다. 회계부서가 기록하는 거래 내역을 장부라고 한다. 회계부서는 기업의 영업과 별개로 독립적으로 관리되는 게 일반적이다. 분식회계 같은 문제를 막기 위해서라도 회계는 독립성이 생명이기 때문이다.

이와 달리, 가상화폐는 누구나 회계를 담당할 수 있고 장부 작성에 참여할 수 있다. 참여자의 자격 조건은 없다. 그런데도 기업에서 작성되는 독립적인 장부보다 가상화폐의 공공 장부가 더욱 믿을 만하고 조작되기 어려운 것은 바로 블록체인(blockchain) 기술 덕분이다.

가상화폐의 단위 거래 기록은 여러 데이터로 이루어지는데 이를 한 덩어리로 묶은 것을 블록이라 한다. 그 블록을 이전의 블록들과 연결시켜 변경 및 조작을 어렵게 하는 것이 바로 블록체인 기술이며 그 기술로 만들어진 가상화폐 거래 장부가 블록체인이다. 그런 블록체인을 거래자 전부에게 공개해 대조하게 함으로써 거래는 더욱 안전해지고 믿을 만해지는 것이다.

이때 두 블록을 연결하는 접착제 기능을 하는 숫자를 논스(nonce)라고 한다. 이런 논스값을 찾아내고 이를 네트워크의 다른 거래자들에게 정답이라고 인정받으면 그 거래가 블록체인 장부에 공개된다. 그 논스값이 맞고 정확한 거래임이 확인되면 이 블록은 승인되고 타임스탬프가 찍혀 직전 블록의 뒤에 연결된다. 그런 블록들이 시간순으로 연결된 것이 블록체인임을 앞서 보았다. 따라서 블록체인에는 과거의 모든 가상화폐 거래가 기록된다.

블록체인 네트워크는 중앙의 통제가 없고, 대신에 노드(node)라 불리는 개인 컴퓨터들이 블록체인 장부를 공동으로 분할, 관리한다. 정확한 논스값을 가장 먼저 찾아낸 노드가 P2P 네트워크에 전송하면 다른 노드들은 그 값이 맞는지 틀리는지, 해당 거래가 정확한지를 검증한다.

논스란 달리 말해, 두 블록을 연결하는 유효값에 해당한다. 그 논스값을 찾는 작업을 채굴(mining)이라고 하는데, 채굴은 꽤나 까다로운 작업이어서 그 보상으로 채굴자(miner)에게 가상화폐, 즉 코인이 주어진다. 채굴자들에게 가상화폐를 지급하는 것은 비싼 장비와 높은 전기료를 감당하면서까지 노드를 유지하는 데 대한 보상이다.

노드가 없다면 채굴도 블록체인도 없다.

> 가상화폐의 1 거래 내역을 한 덩이로 묶은 것을 블록이라 한다. 이런 블록들이 연결된 것을 블록체인이라 한다. 즉 블록체인은 가상화폐 회계 장부다.

> 블록체인의 두 블록을 연결하는 접착제 기능을 하는 숫자를 논스(nonce)라고 한다. 논스값을 찾는 작업을 채굴(mining)이라 한다. 블록체인에 참여하는 각각의 개인 컴퓨터를 노드(nod)라고 한다.

따라서 채굴자들에게 가상화폐를 지급하는 것은 블록체인을 유지하는 데 대한 보상으로도 볼 수 있다.

논스값 찾기와 작업증명

채굴에서 문제는 올바른 논스값을 찾아내기 위한 효율적인 계산식이 존재하지 않는다는 것이다. 유효한 논스값을 찾아내려면 숫자를 일일이 대입하는 수밖에 없는데 그 속도는 컴퓨팅 성능이 좌우한다. 채굴을 위해 대규모 연산 처리가 가능한 고성능 컴퓨터가 필요한 까닭이다. 그래서 채굴에 시간과 비용이 소요되는 것이다.

채굴을 많이 한 노드에게 더 많은 코인을 얻을 기회를 주는 방식을 작업증명(POW: proof of work)이라 한다. 작업증명 방식에서는 수많은 노드 중에서 가장 많은 채굴에 성공한 노드가 더 많은 결정 권한을 가진다. 쉽게 말해, 컴퓨터 연산을 좀 더 빠르고 많이 풀수록 블록에 기록할 권한이 더 많이 부여되고 보상도 더 많이 주어진다.

채굴이 완료되어 블록에 기록되는 모든 내용은 16개로 구성된 숫자 및 문자(1, 2, 3, 4, 5, 6, 7, 8, 9, 0, a, b, c, d, e, f)의 조합으로 '암호화'된다. 이런 암호화 과정을 해싱(hashing)이라 하고, 암호화가 완료된 문자열을 해시(hash) 또는 해시값이라고 한다. 해시를 달리 표현하면, 채굴자들이 남긴 숫자와 문자의 나열인데 그 역할은 거래 완료된 내용을 조작하지 못하도록 봉인하는 것이다. 논스값과 해시값을 비교해서 설명해보면, 논스값은 이 해시값을 출력하기 위한 입력값이라고 이해할 수 있다. 작업증명 방식을 달리 표현하면, 많은 해시를 보유한 사람일수록 코인을 얻을 수 있는 블록을 더 많이 가질 수 있는 방식이다.

보유량 기준의 지분증명

비트코인과 이더리움 등 많은 가상화폐들이 작업증명 방식을 채택하고 있다. 현재 채굴 가능한 대다수의 가상화폐는 작업증명 방식을 취하고 있고, 시장 규모로 보아도 작업증명 방식을 채택한 코인이 훨씬 많다. 그러나 일부 코인들은 작업증명이 아닌 지분증명(POS: proof of stake) 방식을 취한다.

지분증명 방식에서는 블록에 대해 검증자가 현재 보유하고 있는 코인 지분의 양에 비례해 데이터 업데이트 권한을 획득하게 된다. 즉 지분증명 방식에서는 컴퓨팅 파워의 전력 소비가 아닌, 자신이 가진 코인 지분에 따라 블록을 생성한다. 지분증명도 작업증명과 마찬가지로 블록이 생성될 때 보상이 지급되는데, 이때 보상은 지분에 대한 이자와 같은 개념이다.

> 채굴자들이 남긴 숫자와 문자의 나열(암호화된 내용)을 해시(hash)라고 한다.
> 작업증명(POW)이란 많은 해시를 보유한 사람일수록 더 많은 블록 생성의 기회를 가지는 방식이다.
> 지분증명(POS)은 코인을 많이 보유한 사람에게 많은 코인이 돌아가는 방식이다.

작업증명 방식은 많은 시간과 전력을 소모하고, 해시 파워 독점으로 인한 보안상 취약점도 있다. 이런 문제들을 해결하기 위해 등장한 것이 바로 지분증명 방식이다. 작업증명과 달리 지분증명 방식은 인터넷이 연결된 컴퓨터

한 대만 있으면 된다. 작업증명은 블록체인 작업증명을 하고 해시를 남기는 방식이라면, 지분증명에서는 보유한 가상화폐의 양이 기준이 된다. 따라서 지분증명에서는 블록체인의 보안을 위해 대량의 해시가 필요하지 않고 각 개인이 가상화폐를 보유하고 그 지갑을 연동해놓는 것으로도 충분히 강력한 보안 장벽을 만들어낼 수 있다.

작업증명과 지분증명을 혼합한 하이브리드 방식도 각광받고 있다. 하이브리드 방식은 작업증명과 지분증명 방식을 동시에 유지하는 게 아니라, 가상화폐 발행 초기에는 작업증명을 통해 일정량을 채굴할 수 있게 하고 이후에는 지분증명 방식을 선택해 가상화폐 소유자에게 보너스로 가상화폐를 주는 방식을 취한다.

하드포크 vs 소프트포크

블록체인은 탈중앙화된 네트워크이기 때문에 네트워크 참여자들인 노드들의 원활한 협업을 위해 규칙을 지켜야 한다. 이런 규칙을 프로토콜(protocol)이라고 한다. 프로그램의 오류를 수정하고 성능을 향상시키기 위해 지속적인 업데이트도 필요로 한다.

블록체인의 프로토콜이 바뀌어 새로운 블록체인이 생성되는 경우를 포크(fork)라 하며, 소프트포크와 하드포크로 구분된다. 소프트포크의 경우 기존 블록체인과 호환이 가능하다.

블록체인상에서 업데이트가 일어나는 경우, 기존의 프로토콜을 따르려는 블록과 새로운 프로토콜을 따르려는 블록으로 나뉠 때가 있다. 이때 블록이 갈라지는 모양이

코린이를 위한 친절한 가상화폐 투자

포크 같다고 해서 이를 포크(fork)라고 부른다. 포크에는 하드포크와 소프트포크 두 종류가 있다. 하드포크는 프로토콜의 전면 개정을, 소프트포크는 프로토콜의 일부 개정의 경우에 해당한다. 소프트포크에서는 기존의 프로토콜에서 큰 틀은 바뀌지 않고 부분적인 업데이트만 일어나기 때문에 기존 블록체인과 새롭게 분기된 블록체인이 호환 가능하다. 반면 하드포크는 블록의 규칙을 근본적으로 바꾸는 업데이트이기 때문에 분기되기 전의 블록체인과 새롭게 분기된 블록체인의 호환은 불가능하다.

가상화폐에서 하드포크가 일어났다면, 투자자들은 주의를 기울여야 한다. 왜냐하면 하드포크는 일반적으로 블록체인에 무슨 문제가 있거나, 아니면 개발자들 간에 프로젝트에 관한 의견이 엇갈려 합의에 이르지 못한 경우 발생하기 때문이다. 이는 마치 기업에서 한 부문만 떼어내어 별도의 회사를 차리는 것과 유사하다.

하드포크가 일어나도 기존의 가상화폐를 소유하고 있던 소유자들은 기존 가상화폐에 새롭게 분기된 가상화폐를 추가로 받게 되므로 손해를 보지 않는다. 이런 경우는 오히려 호재일 수 있다. 다만, 해킹이나 블록체인 오류 때문에 하드포크를 하는 경우라면 이는 코인 투자자에게는 악재라고 볼 수도 있다.

비트코인과 이더리움도 하드포크된 바 있다. 비트코인은 비트코인골드와 비트코인캐시로, 비트코인캐시에서 다시 비트코인SV가 분기했다. 이더리움은 이더리움과 이더리움 클래식으로 분기했다. 하드포크된 코인에 관해서는 8장에서 자세히 설명한다.

하드포크가 일어났다면 메인넷(mainnet)도 살펴보아야 한다. 메인넷이란 기존 블록체인에서 독립해 새로운 블록체인 생태계를 구성하는 것을 말한다. 특정 쇼핑몰에 입점해 장사를 하다가 장사가 잘되어 독립된 유통업체를 차리는 것과 비슷하다.

어떤 코인이 이더리움 메인넷이라고 하면 이더리움을 기반으로 만들어진 코인이며, 비트코인 메인넷이라면 비트코인을 기반으로 한 코인이다. 이처럼 메인넷은 독립해 자기 사업을 하겠다는 의미이므로 호재로 보는 경우가 많지만, 오히려 부정적인 인식을 얻어 가격이 하락하는 경우도 있으니 주의할 필요가 있다.

코린이를 위한 친절한 가상화폐 투자

02 ▷ 가상화폐 채굴 어떻게 할까?

가상화폐 채굴기

채굴을 위해서는 가상화폐 채굴기가 필요한데, 인터넷에서 가상화폐 채굴기를 검색하면 많은 정보를 얻을 수 있다. 예를 들어 '이더리움 채굴기'라고 검색하면 특히 많은 결과가 나온다. 이더리움에 대해 최근 높아진 관심을 반영하는 현상으로 보인다.

채굴기는 일반적인 인터넷 쇼핑몰에서 쉽게 구입할 수 있는 상품이다. 네이버 쇼핑만 검색해 보더라도 채굴기 성능에 따라 50만~60만 원짜리부터 2천만 원~3천만 원짜리까지 다양한 종류가 나온다. 채굴기를 조립해서 파는 사람들도 있고 대여해주는 서비스 업자들도 많다.

그러나 채굴로 얻는 가상화폐만 생각할 것이 아니라 여기에 들어가는 비용도 따져보아야 한다. 성능이 좋을수록 채굴기는 비싸기 때문이다. 다시 말

[그림 2-1] 가상화폐 채굴기 가격

N 네이버쇼핑 ⓘ   다른 사이트를 보시려면 클릭하세요 다른 사이트 더보기

전체   400만원이하   400만~800만원   800만원이상

채굴기 비트코인 이더리
움 RTX3070 3080 GTX1...
12,800,000원 📦
구매 16 리뷰 4 찜 72
행복PC

이더리움 그래픽 채굴기
완제품 6way 8way
720,000원 📦
구매 60 리뷰 16 찜 45
지스타기어

이더리움 그래픽 채굴기
RTX3080 RTX3070 GTX...
11,220,000원 📦
구매 38 리뷰 12 찜 147
지스타기어

[우선예약제]비트코인/이
더리움 채굴기 RTX306...
4,900,000원 📦
구매 36 리뷰 10 찜 112
피씨모아

채굴대장가정용/이더리
움채굴기 RTX3060 RTX...
3,200,000원 📦
리뷰 2 찜 24
채굴대장

밀폐형 이더리움 채굴기
그래픽 8웨이 📦
670,000원
구매 38 리뷰 12 찜 15
지스타기어

이더리움 이더리움클래
식 레이븐 채굴 채굴기 ...
815,000원 📦
SHPC

[우선예약제]비트코인/이
더리움 채굴기 RTX308...
24,000,000원
찜 15
피씨모아

네이버는 상품판매의 당사자가 아닙니다. 법적고지 및 안내

쇼핑 더보기 (930) →

해, 성능이 좋은 비싼 채굴기를 사야 가상화폐를 더 잘 획득할 수 있다. 채굴이 무엇인지 생각해보면 그 이유를 금방 알 수 있을 것이다.

가상화폐 채굴이란 고성능 컴퓨터를 이용해 특정 가상화폐에 대응하는 아주 복잡한 연산 문제를 해독하는 것임을 앞서도 보았다. 암호 해독에 성공하면 새로운 가상화폐가 만들어지고 그것이 내 소유가 되는 것이다. 좋은 성능의 채굴기일수록 암호 해독 능력이 좋을 수밖에 없다. 그래서 더 좋은 채굴기를 갖추려고 하는 것이다.

비트코인 채굴 과정

A의 지갑에서 B의 지갑으로 1비트코인(BTC)을 송금한다고 했을 때 거래가 발생하면, 해당 거래는 비트코인 네트워크에 참여하는 모든 노드에 알려지게 된다. 이 과정을 브로드케스트라고 한다. 채굴은 이런 거래를 기록하고 공식화하는 과정으로도 정의할 수 있다.

채굴 과정은 블록 단위로 일어나는데, 블록이란 거래 정보를 집합한 한 덩어리의 장부라고 보면 된다. 이런 블록들을 연결해놓은 것이 블록체인이다. 블록체인은 현재까지의 블록이 모두 연결된 형태를 띠며, 지금까지 일어난 모든 비트코인 거래가 블록체인에 시간순으로 기록된다. 블록체인은 시간 순서대로 연결돼 저장되는 특성이 있기 때문에 특정한 과거 거래 내역을 조작할 수 없다는 특징이 있다.

> 비트코인 블록은 약 10분마다 생성된다. 작업증명은 그 10분의 검증 시간을 확보하기 위해 생긴 것이다. 작업증명이 이루어지는 동안 새로운 블록 정보가 네트워크에 진입하는 것을 막는다.

새로운 블록은 일정한 규칙에 따라 채굴자가 처리하게 된다. 가장 먼저 처리를 끝낸 채굴자가 이것이 원본임을 모든 채굴자들에게 알리고, 이를 다른 채굴자들이 확인하고 받아들이는 과정을 거치게 된다. 모든 채굴자들에게 검증이 끝난 블록은 완전한 블록으로 인정되어 블록체인에 연결돼 나간다. 채굴이란 이렇게 블록을 공식화하고 블록체인을 늘려가는 과정으로도 말할 수 있다.

비트코인 네트워크는 중앙 서버가 없기 때문에 새로운 거래 정보가 네트워크 전체로 전파되고 검증되는 데 일정한 시간이 필요하다. 그런 이유로 비트코인 블록은 약 10분마다 생성되도록 설계되어 있다. 작업증명이라는 개념도 10분이라는 검증 시간을 확보하기 위해 생긴 것이다. 작업증명을 하는 동안 새로운 블록 정보가 비트코인 네트워크에 전달되는 시간을 늦추어 조작된 블록체인이 네트워크에 전파되는 것을 막는다.

만약, 해커가 블록체인을 조작하려면 그는 비트코인 네트워크 전체 참여자의 절반 이상의 연산력을 갖추어야 한다. 즉 비트코인 네트워크를 조작하기 위해서는 세계 최대의 슈퍼컴퓨터 수십 대가 필요하다. 그래서 블록체인 해킹은 불가능하다고 볼 수 있다.

누군가 비트코인을 채굴하게 되면 채굴자들의 참여가 늘어나는 것이고, 그만큼 해킹은 더욱 어려워지고 안정성이 높아지는 구조가 만들어진다. 그런 안정성을 높여주는 채굴자들에게 그 보상으로 비트코인이 지급되는 것이다.

위탁 채굴

직접 채굴은 장점이 많으나 관리에 여러 가지 어려움이 있다. 게다가 직장인, 자영업자 등 본업이 있는 사람이 채굴에 시간과 비용을 투자하기란 쉬운 일이 아니다. 이처럼 여건상 직접 채굴이 어려운 사람들을 위해 간접 채굴 방식이 많이 나와 있다. 간접 채굴이란 일종의 펀드 혹은 위탁받아 운영하는 신탁과 비슷한 개념으로 이해하면 된다. 대표적인 간접 채굴에는 위탁 채굴과 클라우드 채굴이 있다.

위탁 채굴이란 채굴기를 구입하고 채굴기의 운영만 전문 관리 업체에 맡기는 방식을 말한다. 채굴기는 전적으로 구매자 소유이고, 전문 위탁업체는 소유자가 맡긴 채굴기를 유지, 보수, 관리하는 업무만 수행한다. 위탁업체의 관리 범위, 전기세 포함 여부, 문제 발생에 따른 보상 여부 등에 따라 계약 내용은 물론이고 관리 비용 역시 천차만별이므로 충분히 따져본 뒤 관리 업체를 선정하는 것이 좋다.

클라우드 채굴

클라우드 채굴이란 일종의 펀드 같은 형태로, 전문 광산업체의 지분을 사는 것으로 이해할 수 있다. 채굴기를 구입할 필요도 없고 유지 보수에 신경 쓸 필요도 없어서 채굴 과정이 매우 간편하다는 것이 클라우드

> 직접 채굴할 시간이 없는 사람들을 위해 간접 채굴 방식이 있다. 채굴기를 구입해 운영만 전문 업체에 맡기는 위탁 채굴, 전문 광산업체의 지분을 사는 일종의 펀드 방식의 클라우드 채굴이 그렇다.

채굴의 장점이다. 단점은 자신이 실제 하드웨어를 컨트롤 할 수 없고, 수익의 투명성을 수시로 체크할 수 없어서 리스크가 있다는 것이다.

주요 클라우드 채굴 업체를 소개하면 다음과 같다.

- **제네시스 마이닝**(Genesis Mining): 아이슬란드에서 채굴장을 운영하는 세계 최대 클라우드 채굴 업체다. 본사는 홍콩에 있다.
- **해시플레어**(HashFlare): 영국 스코틀랜드에 있는 클라우드 채굴 회사다.

- **비아비티씨**(ViaBTC): 중국에 있는 클라우드 채굴 회사로, 세계 최대의 채굴기 생산 업체인 비트메인(Bitmain)의 투자를 받고 있다.

- **비트포어엑스**(Bitforx): 조지아의 수도 트빌리시에 있는 '버트비(Birtvi)'라는 회사가 제공하는 클라우드 채굴 서비스로, 가상화폐 지갑 서비스도 제공한다. 싱가포르의 가상화폐 거래소 비트포렉스(Bitforex)와 혼동하지 말라.

- **희망해시**(Hopehash): 대한민국의 채굴 업체로 전 세계 7개국에 채굴장을 마련해 클라우드 채굴 서비스를 제공한다.

코린이를 위한 친절한 가상화폐 투자

블록체인 계약서, 스마트 컨트랙트

획기적인 발명품, 스마트 컨트랙트

스마트 컨트랙트(Smart Contract)란 컴퓨터 프로그래밍 언어로 된 전자계약으로 블록체인상에서는 사전에 약속된 조건을 충족하면 자동으로 계약이 실행되도록 하는 것이다.

블록체인과 가상화폐를 접하다 보면 '스마트 컨트랙트(Smart Contract)'라는 말을 흔히 듣게 된다. 스마트 컨트랙트 혹은 스마트 계약이란 쉽게 말해 컴퓨터 프로그래밍 언어로 이루어진 전자계약을 뜻한다. 특히 블록체인과 가상화폐에서 응용되는 스마트 컨트랙트는 사전에 약속된 조건을 충족하면 자동으로 계약이 실행되도록 하는 획기적인 기능을 가진다.

스마트는 기술에, 컨트랙트는 법에 관련된 표현이므로 스마트 컨트랙트는 기술과 법을 융합한 용어라고 말할 수 있다. 스마트 컨트랙트를 기술적인 관점에서 보면, 유효성을 보증하면서 계약을 보존 및 이행하기 위한 프로그램

또는 코드라고 이해할 수 있다. 스마트 컨트랙트에는 분산원장 기술로 실현되는 계약과 그렇지 않은 계약이 존재한다.

여기서 분산원장 기술(DLT: Distributed Ledger Technology)이란 탈중앙화된 P2P 네트워크에 참여하는 노드들이 암호화 기술을 이용해 거래 정보를 검증하고 합의한 원장을 공동으로 관리하는 기술을 말한다. 쉽게 말해, 블록체인상에 참여한 개인 컴퓨터들이 거래 장부인 원장을 공동 관리하는 기술을 분산원장 기술이라 한다. 이런 의미로 사용되는 스마트 계약은 법적 의미가 있는 계약뿐만 아니라, 사내에서 데이터베이스의 실행 프로세스 통제에 관한 것 또한 될 수 있다.

스마트 컨트랙트의 주요 쟁점은 법과 경제학의 관점에서 계약으로 성립되기 위해 어떻게 디자인되어야 하는지, 전통적인 법의 관점에서 특정 기술로 구현된 계약이 과연 성립될 수 있는지, 유효성이 존재하는지에 해당하며 이 문제는 현재 진행형이라고 볼 수 있다.

스마트 컨트랙트의 사용 영역

스마트 컨트랙트가 가장 빠르게 적용되는 분야는 블록체인과 가상화폐이다. 특히 이더리움(ETH)은 블록체인 기반으로 스마트 컨트랙트를 사용할 수 있도록 개발된 가상화폐이다. 블록체인 기반의 스마트 컨트랙트에서는 데이터와 기록에 근거해 계약이 자동적으로 실행되고 누구나 그 데이터를 파악할 수 있으므로 자의적인 계약 이행이 어렵다.

다시 말해, 스마트 컨트랙트란 블록체인의 분산원장 기술로 작성된 스마트 계약서에 계약 조건을 기술해 그 조건이 충족될 시에 자동으로 계약이 집행되도록 한 것을 말한다. 이런 기능을 탑재한 이더리움의 경우 계약 조건이 충족되면 가상화폐가 송금되며, 가상화폐가 송금되었다는 것은 반대로 계약이 성립했음을 의미한다. 이처럼 스마트 컨트랙트 기술은 블록체인 영역에서 비즈니스를 좀 더 효율적이고 안전하게 수행하도록 하는 중요한 역할을 한다.

(B) ────────────────────────────────────

저는 회사에서 가상화폐 사건을 담당하고 있는데, 유독 가상화폐 시장에 많은 사건사고가 발생하고 있는 것 같습니다. 유형을 보면 법을 위반하는 경우와 사기를 당하는 경우로 크게 구분할 수 있습니다. 이 장에서는 가상자산 관련 법 중 투자자가 꼭 알아야 할 핵심 내용을 정리했습니다. "가상자산 수익도 과세가 될까?" "가상자산 시장도 부동산이나 주식시장처럼 규제가 있을까?" 이런 문제를 생각해볼 필요가 있습니다. 가상자산이 증권으로 해석될 수 있는지도 따져볼 필요가 있습니다. 가상자산이 증권으로 해석될 경우 자본시장법에 따른 규제가 적용되고 특히 해외 가상자산이라면 증권 취득 신고가 필요하기 때문입니다. 또한 가상자산 관련 흔히 벌어지는 사기 유형을 알아두는 것도 중요할 것입니다. 유사수신 행위라고 정리한 부분을 참고해 사기 피해를 당하지 않도록 주의하십시오.

────────────────────────────────────

법을 모르면
속기 쉬운 코인

코인 투자 법적 주의사항

가상자산 규제, 어느 정도인가?

부동산에 대한 규제는 이미 오래전부터 시작되었다. 부동산 2주택자에 대해서는 75%의 세율로 과세한다. 주식시장은 부동산에 비해서 세금에 대한 리스크는 거의 없다고 볼 수 있다. 다만, 주식은 금융 규제가 존재한다. 주식시장은 오랜 역사 동안 몇 차례 버블과 금융위기를 경험하면서 어느 정도 안정기에 접어들었다. 그럼에도 경제 성장률에 비해서 코스피 지수 상승률은 여전히 높고, 주가 상승을 견인하는 주체가 기관이나 외국인이 아닌 개인투자자인 점은 주식투자의 리스크 요인이라 할 수 있다.

그렇다면 가상자산 시장은 어떨까? 2021년 개정된 특금법('특정 금융거래정보의 보고 및

> 가상자산 소득은 기타소득으로 간주해 연간 250만 원 초과분에 한해 20% 세율로 과세되는데, 법 시행일은 2023년 1월부터다.

이용 등에 관한 법률')에 의해 가상자산 거래소들은 이제 금융당국의 규제 대상이 되었다. 그러나 2022년 1월 시행 예정이었던 가상자산 과세는 1년 유예되면서 투자자들은 숨통이 트이게 되었다. 2023년 1월 1일부터는 가상자산 소득을 기타소득으로 간주해 과세하게 된다. 과세율은 연간 공제금액 250만 원 초과분에 한해 20% 세율이 될 것이다.

이렇듯 가상자산 투자에 대한 규제도 본격화되고 있다. 그래도 부동산 투자 규제에 비해서는 규제가 느슨한 편이고, 주식시장에 가까운 규제가 이어지겠지만 소액 개인투자자들에게는 규제의 영향이 미미할 것으로 보인다. 다만 그런 규제들이 향후 코인 가격에 어떤 영향을 주는지 살펴보고 투자할 필요는 있다고 본다.

가상자산 사업자 관련

코인을 칭하는 용어는 암호화폐, 가상화폐, 토큰 등 다양하지만 법으로는 '가상자산'으로 규정하고 있다. 본문 다른 곳에서는 맥락에 따라 여러 용어를 사용하고 있으나 법적 내용을 다루는 이 섹션에서는 가급적 '가상자산'으로 표현하고자 한다.

2021년 개정된 특금법에 따르면 가상자산을 매매하거나 교환하는 행위를 업으로 하는 자는 가상자산 사업자에 포함되고, 이들은 법에 따라 신고해야 한다(특금법 제2조 제1호 하목 1) 및 2), 제7조 제1호). 이에 따르면, 가상자산 투자자도 신고가 요구되는 것으로 볼 수 있으나, 개정 특금법의 취지는 자금세탁 행위 및 공중 협박 자금 조달 행위를 효율적으로 방지하는 데 있으므로 개별 투자자는 이 조항에 직접적으로 적용되지 않는다고 볼 수 있다.

구체적으로 어떤 일을 하는 자를 가상자산 사업자라 규정할까? 금융정보분석원 및 금융감독원이 발행(2021. 2. 17)한 가상자산 사업자 신고 매뉴얼에 그 답이 있다. 첫째, 가상자산 매매, 교환 등을 중개, 알선하기 위해 플랫폼을 개설하고 운영하는 사업자를 말한다. 달리 말해, 가상자산 취급업, 교환업, 거래소 등을 운영하는 '가상자산 거래업자'가 가상자산 사업자다. 둘째, 타인을 위해 가상자산을 보관, 관리하는 행위를 업으로 하는 자를 말한다. 가상자산 커스터디, 수탁사업 등 '가상자산 보관관리업'을 하는 자도 가상자산 사업자다. 셋째, 가상자산의 보관, 관리 및 이전 서비스 등을 제공하는 사업자로서 중앙화 지갑서비스, 수탁형 지갑서비스, 월렛 서비스 등 '가상자산 지갑서비스업'을 하는 자도 가상자산 사업자다.

> 가상자산 사업자에는 가상자산 거래자, 가상자산 보관관리업자, 가상자산 지갑서비스업자가 속한다. 일반 투자자들은 가상자산 사업자에 속하지 않는다.

따라서 단순히 자기 자신을 위해 가상자산에 투자하고 매매하는 투자자들은 가상자산 사업자가 아니고, 개정 특금법에 따른 신고 또한 불필요하다는 이야기다. 단, 가상자산 사업자의 범위를 넓게 해석할 여지가 전혀 없는 것은 아니므로, 가상자산 사업자 신고 여부에 대해서는 구체적인 검토가 필요할 수 있음에 주의해야 한다.

코린이를 위한 친절한 가상화폐 투자

가상자산을 증권으로 해석하는 경우

가상자산을 만들어서 발행하려는 사업자의 경우 가상자산이 자본시장법에 따른 증권에 해당하는지 여부를 확인할 필요가 있다. 가상자산이 증권으로 판단되는 경우 자본시장법에 따른 규제가 적용되고, 특히 해외 가상자산일 경우 증권 취득 신고 등이 필요할 수 있다.

가상자산이 다음 사항을 모두 충족하면 증권에 해당한다(자본시장법 제3조 제1항, 제4조 제1항).

① 이익을 얻거나 손실을 회피할 목적임.

② 장래 특정 시점에 금전이나 그 밖의 재산적 가치가 있는 것을 지급하기로 약정함.

③ ②와 같은 약정으로 취득하는 권리임.

④ ③의 권리를 취득하기 위해 지급했거나 지급해야 할 총액이 그 권리로부터 회수했거나 회수할 수 있는 총액을 초과하게 될 위험이 있음.

⑤ 내국인 또는 외국인이 발행하고, 투자자가 그 권리의 취득과 동시에 금전을 지급하는 것 외에 추가 지급 의무가 없음.

일반적으로 증권형 가상자산은 증권에 해당하나, 비트코인처럼 발행자가 없는 경우에는 ⑤의 요건이 충족되지 않아서 증권에 해당하지 않는다. 이더리움 같은 유틸리티 가상자산은 ③ ④ 요건이 인정되지 않는 경우가 많다.

참고로 자본시장법상 증권은 채무증권 등 6가지 증권으로 구분될 뿐이므로(자본시장법 제4조 제2항), 자본시장법 제4조 제3항부터 제8항까지 규정된 증권의 세부 유형에 명확히 들어맞지 않는다는 이유만으로 증권에 해당하지 않는다고 확언할 수는 없다.

해외 가상자산을 증권으로 해석하는 경우

해외 가상자산에 투자하는 방법은 직접 투자와 펀드 등에 투자하는 간접 투자로 크게 구분된다. 다만, 간접 투자자는 외국환 거래법의 대상이 아니므로 여기서 논의하지 않겠다.

우리나라 정부는 2017년 9월 29일 가상자산의 ICO(가상자산 상장 전 공개해 투자를 유치하는 행위)를 금지한다고 선언한 바 있다. 따라서 모든 가상자산 ICO는 해외에서 이루어지고 있는 가운데 ICO 참여와 관련된 외국환 거래법 이슈들이 발생하고 있다. 일반적으로 발행되는 가상자산이 자본시장과 금융투자업에 관한 법률에 따른 증권에 해당하는지 여부에 따라 쟁점이 달라진다.

해외 가상자산이 증권에 해당하고 국내 가상자산 투자자를 대상으로 발행하는 경우, 가상자산 사업자는 비거주자의 증권 발행 신고를 진행해야 한다(외국환 거래법 제18조 제1항, 동법 시행령 제32조 제1항, 외국환 거래규정 제7-23조 제1항). 이 해외 가상자산을 취득하는 국내 투자자는 비거주자 발행 증권 취득 신고를 진행해야 한다(외국환 거래법 제18조 제1항, 동법 시행령 제32조 제1항).

해외 가상자산이 증권에 해당하지 않는다면, 증권 발행 신고나 증권 취득 신고는 불필요하다. 다만 가상자산을 취득할 때 일정 금액을 지급하는 경우 신고가 필요할 수는 있다. 가상자산 투자자가 해외 ICO에 참여하는 경우, 통상적으로 금전 대신 다른 가상자산을 받는데 이런 경우 논란은 있지만, 외국환 거래에 대한 신고 없이 지급되고 있는 실정이다.

> 가상자산이 증권으로 해석될지 여부를 따질 필요가 있다. 가상자산이 증권으로 해석된다면, 자본시장법에 따른 규제가 적용되고 해외 가상자산이 증권으로 해석된다면 투자자는 증권 취득 신고가 필요할 수 있다.

거래소를 통한 해외 투자

거래소를 통해 해외 가상자산에 투자하는 경우, 거래소 계좌에 자금을 입금하고 거래소에 상장된 가상자산을 구매하면 된다. 거래소에 상장된 코인이 자본시장법상 증권이 아니라면, 외국환 거래법상 증권 취득 신고는 필요하지 않다. 일반적으로 해외에서 상장한 가상자산의 경우 그동안 증권으로 해석하지 않은 경향이 있었다. 요컨대, 국내 거래소에 상장된 해외 가상자산에 투자하는 경우 외국환 거래 관련 신고할 것이 없다.

다만 해외 소재 거래소에 상장된 가상자산을 취득하기 위해 비용을 지급하는 경우, 지급 등의 신고가 필요할 수 있다는 점에 주의해야 한다. 또한 국내 거래소와 해외 거래소 간에 가상자산을 이전하는 경우, 가상자산에 따라 외국환 거래법상 신고가 필요할 수 있다. 따라서 가상자산이나 돈을 해외로 이전할 계획이 있다면 사전에 외국환 거래법상 신고가 필요한지 확인해야 한다.

02 가상자산 매매 사기 유형

유사수신 행위

우리나라는 은행업을 허가받지 않은 자가 원금 보장이나 확정 수익을 보장하면서 자금을 조달하는 행위를 유사수신 행위라 규정하며 이를 법으로 금지하고 있다. 쉽게 말해, 유사수신 행위란 금융회사를 가장해 투자자들에게 투자금을 받아 돈을 벌어주겠다며 접근하는 방식을 말한다. 특히 가상자산 시장에 유사수신 행위에 해당하는 사기가 많다.

채굴업체인 것처럼 속여 금융 사기를 치는 사례가 많다. 채굴 명목으로 투자금을 받는 것 자체가 유사수신 행위로 처벌될 가능성이 높다.

유사수신 행위를 하는 경우, 유사수신 행위 규제에 관한 법률(약칭 유사수신법) 제6조 제1항에 따라 5년 이하의 징역 또는 5천만 원 이하의 벌금에 처하고 있다.

가상자산 투자 초기에는 마치 채굴업체인 것처럼 속여 금융 사기를 치는 사람들이 많았다. 다단계로 투자자들을 모집해 채굴을 운영하다가 채굴 수익을 주지 못하고 도산하는 경우도 있다. 채굴 명목으로 투자금을 받는 것 자체가 유사수신 행위로 처벌될 가능성이 높음을 기억하자.

판례로 알아본 사기 유형

형사 판례로 구체적인 사기 유형을 알아보자. 가령, 울산지방법원 2019고단787 판례 사건은 비트코인 거래로 수익을 창출해 배당금을 지급한다는 다단계 사기였다. 피고인은 피해자들로부터 3억 8,900만 원가량을 송금받았지만, 투자금은 비트코인 채굴 비용으로 사용되지 않았고 소위 돌려막기 방식으로 운영되었다. 심지어 피고인은 이 상품을 판매하는 모 클럽의 운영자와 운영 계약을 체결한 적도 없었다.

범행의 피해자가 총 24명에 달하고 피해 금액이 상당히 많았음에도 단기간 고수익을 노린 피해자들에게도 일정 부분 책임이 있고 피고인이 수익금 명목으로 상당한 금액을 지급한 적이 있는 것 등을 참작해 피고인은 징역 10개월이라는 비교적 가벼운 형을 선고받았다.

사기 업체들의 주요 수법

금융감독원에서 유산수신 행위로 검찰, 경찰에 수사를 의뢰한 업체는 2019년도 186개사로 전년도에 비해 33.8% 증가했다. 최대 9개 업체가 연루된 유사수신 사건도 존재했다고 한다. 이들 유사수신 업체들이 쓴 주요 수법은 다음과 같았다.

- 카지노, 태양광발전, 금 채굴 등 고유의 사업모델과 연계된 코인을 개발했다고 거짓 홍보함.
- 가상자산 거래소에 상장 후 원금을 보장하겠다며 허위 광고함.
- 업체에서 개발한 'ㅇㅇ페이' 'ㅇㅇ월렛' 등 유사 전자지급거래 플랫폼을 통해서만 거래 내역을 조회할 수 있게 한 뒤 현금화를 요구하면 시스템 오류 등을 핑계로 현금화를 지연시킨 뒤 잠적 및 도주함.

코인 투자 사기 업체들의 수법은 전형적인 '폰지 사기(Ponzi scheme)'인 경우가 많다. 폰지 사기란 실제로는 아무 이윤도 창출되지 않았는데 투자자들에게 수익을 지급하는 방식을 말한다. 어떻게 이게 가능할까? 신규 가입자의 돈으로 기존 가입자에게 원금 또는 수익금을 지급하고, 실적에 따라 인센티브를 차등 지급하는 피라미드 다단계 방식을 취하기에 가능한 일이다.

채굴을 명목으로 투자금을 모집한다거나 확정 수익을 보장한다는 식의 광고를 본다면, 사기일 가능성이 높다는 것을 기억하라.

Part 2

실전 코인 투자:
"코인은 처음이에요."

투자 마인드, 거래소 가입, 종목 선정

PART 2부터는 본격적인 코인 투자로 들어갑니다. 4장은 코인의 특성을 주식과 비교해 살펴보고 돈 버는 코인 투자를 위한 투자 마인드를 설명합니다. 기관투자자들과 메이저 기업의 투자 동향을 파악하는 방법 또한 알려드립니다. 요컨대 코인 시장의 흐름을 읽어낼 수 있는 거시적 관점을 갖추도록 했습니다. 코인의 시초는 2009년 비트코인으로 역사가 매우 짧지요. 시장의 규제나 투자자 보호 장치가 완벽하게 마련되지 않은 만큼 코인 투자는 분명 위험이 도사리고 있지만, 그만큼 지금 매수하면 벼락부자가 될 기회가 있는 시장이라고 봅니다. 이때 투자의 위험을 낮추고 장기적으로 고수익을 올릴 수 있는 투자 마인드가 매우 중요한데요. 이 점에 대해 소홀히 하지 않길 바랍니다. 자칫 도박과 투기로 흐를 수 있는 코인 투자의 방향을 바로잡는 기준이 될 것입니다.

4장

코인 투자자를 위한
돈 버는 마인드

01 코인과 주식, 어떻게 다른가?

아직 공인되지 않은 금융자산

가치의 저장 기능을 한다는 점에서 가상화폐는 주식과 매우 유사하다. 가상화폐와 주식은 거래 방식이 비슷하고, 호가창과 차트가 존재한다는 점에서도 비슷한 점이 많다. 다만 가상화폐는 주식과 달리, 아직 정부에서 공인한 금융자산이 아니어서 불확실성이 비교적 큰 게 사실이다. 그러나 가상화폐 시장도 거래소 규제와 금융정보 규제, 세금 등 각종 규제를 만들어내면서 주식시장과 비슷한 모습을 갖추어 나가고 있다. 정부에서 규제를 어떻게 설정하느냐에 따라 가상화폐 시장은 안정을 찾아갈 것으로 보인다.

주식시장은 1602년 동인도 은행을 시작으로 형성된 것으로 매우 오랜 역사를 가지고 있다. 그에 비해 가상화폐는 2009년 공개된 비트코인을 시초로 비교적 짧은 역사를 지닌다. 주식시장은 거래소의 서킷브레이커(circuit breakers) 등 투자자 보호 조치 및 다양한 공시제도가 존재한다. 그에 비해 가상화폐 시장은 거래소 규제가 걸음마 단계에 있고, 자금세탁 방지에 관한 법률과 세법 등이 명확히 정리되지 않았다.

2020년 12월 개정된 소득세법에 따라 2022년 1월 시행 예정이던 가상자산 소득 과세는 1년 더 유예되어 2023년 1월 1일 이후 거래분부터 기타소득으로 분리과세될 것이다.

24시간 무한정 국경 없는 거래

가상화폐는 화폐의 기능을 하므로 전 세계 언제 어디서나 24시간 거래할 수 있다는 특징이 있다. 이른 새벽에 가상화폐 등락폭이 커질 게 예상되면 밤잠을 설치는 투자자들이 많은 이유다. 이는 매매 시간이 제한된 주식과 큰 차이점이다.

우량 종목을 발굴해 투자하는 방식은 주식과 가상화폐가 비슷하지만, 무엇이 우량 종목이냐를 판단하는 방식에서는 차이를

> 가상화폐 우량 종목을 발굴하는 첫 번째 기준은 재단(foundation)에서 발행하는 백서(white paper)다.

보인다. 주식은 해당 종목의 재무제표와 업종 이슈를 살펴보고, 다양한 뉴스와 도구를 이용해 성장 가능성을 분석해 우량 주식을 찾아낸다. 반면 가상화폐는 재단(foundation)에서 발행한 백서(white paper)와 개발 및 마케팅 이슈를 분석해 좋은 종목을 발굴한다. 가상화폐의 백서와 각종 이슈들은 해당 재단의 홈페이지와 거래소 등에서 찾아볼 수 있다. 가상화폐 종목을 발

굴하는 자세한 방식은 7장에서 살펴보도록 한다.

가상화폐는 매매 후 곧바로 각국 거래소의 화폐로 바꿀 수 있지만, 주식은 D+2일 인출이라는 제도 때문에 바로 현금화할 수 없다. 이 같은 여러 차이에도 불구하고, 투자자 입장에서 체감하는 주식과 가상화폐의 가장 큰 차이는 상한가와 하한가의 존재 여부라고 보인다.

> 가상화폐는 주식과 달리 24시간 연중 무휴로 거래되고, 상한가와 하한가가 존재하지 않으며 바로 현금화할 수 있다.

주식은 매일 상한가와 하한가가 존재해 가격 변동폭을 줄여주는 역할을 하고 비정상적인 심리 요인을 일부 완화해준다. 그러나 가상화폐는 상한가, 하한가라는 제도가 없어서 불안정한 투자 심리나 각종 뉴스에 따라 가격이 하루에도 큰 폭으로 요동칠 수 있다. 24시간 거래 가능하다는 점도 가상화폐의 가격 변동에 큰 영향을 미친다.

이런 차이점은 가상화폐 투자자들에게 득이 되기도 하고 독이 되기도 한다. 주식보다 가상화폐 투자자가 벼락부자가 많은 게 사실인 한편, 원금을 잃는 가상화폐 투자자가 더 많은 것도 사실이다. 가상화폐 시장은 파생상품 시장보다 더 위험하다고 보기는 어렵지만 리스크가 매우 큰 시장임에는 틀림없다.

코린이를 위한 친절한 가상화폐 투자

02 ▶ 코인 투자 과연 안전한가?

벼락부자의 기회는 코인뿐?

혹시 현금이 최고라고 생각하는 독자가 있을지도 모르겠다. 그러나 중앙은행이 화폐를 발행할수록 화폐 가치는 떨어지고, 다른 자산들의 가치는 상대적으로 올라간다. 해마다 큰 폭으로 상승하는 물가를 생각해보면 쉽게 수긍이 될 것이다. 그래서 현금을 좋아하는 사람 중에 부자가 많지 않은 것이기도 하다. 부자들은 화폐보다는 실물 자산(부동산, 주식 등)을 선호할 수밖에 없다. 이는 경제학적으로 당연한 원리다.

벼락부자라는 말처럼 최근에는 벼락거지라는 말도 등장했다. 투자를 잘못해서 한꺼번에 큰돈을 잃어도 벼락거지가 될 수 있지만, 부동산이나 주식 등의 자산 가격이 폭

> 벼락부자가 되려면 안전자산보다는 위험자산에 투자해야 한다. 가상화폐는 위험자산이지만, 공부와 분석을 통해 투자의 위험을 낮출 수 있다.

등할 때 현금만 가지고 있어서 상대적으로 그 수혜를 입지 못한 계층도 벼락거지라고 부른다. 가상화폐 시장은 아직도 기회만 잘 잡으면 벼락부자가 될 수 있는 시장이라고 본다.

물론, 가상화폐는 아직 검증이 완료되지 않은 위험한 자산에 속한다. 그러나 위험자산일수록 수익률이 높은 것은 당연한 이치이다. 가장 안전한 자산인 현금이 수익률이 가장 낮을 수밖에 없다. 그래서 부자들은 안전자산보다는 위험자산에 집중하고, 분석해 투자하는 것이다.

그렇다고 무턱대고 위험자산에 올인해서는 정말 위험한 일이 벌어진다. 위험자산일수록 자산의 구조가 복잡하고 전문적일 수밖에 없기에 공부가 필요하다. 공부와 철저한 분석을 통해 투자의 위험을 낮춰야 한다.

가상화폐에도 버블이 생길까?

비트코인이 탄생한 2009년부터 가상화폐 투자자들은 대부분 개인투자자였다. 주식시장의 큰손들이 대부분 기관투자자들인 것과는 사뭇 다른 현상이다. 가상화폐가 돈이 된다는 사실을 뒤늦게 깨달은 기업가들은 회사를 설립하고 비트코인을 채굴하기 시작했고, 채굴 시장도 기업적으로 성장했다. 일례로 중국의 우지한이 설립한 비트메인(Bitmain)이라는 기업은 가상화폐 초창기에 특수 채굴기를 들여와 비트코인 대량 채굴에 성공해 큰돈을 벌었다.

그러나 채굴이 아닌 가상화폐에 투자한 투자자들은 대부분 개인투자자였다. 2018년 첫 번째 가상화폐 버블이 있었는데, 당시 가상화폐 시장은 개인들을 중심으로 과열되었다가 폭락해 침체 되었으며 지금은 계속된 정체기에 접어들었 다. 가상화폐 시장이 다시 성장하는 모멘텀 은 기관투자자들에게 달렸다고 본다.

2020년 이후 가상화폐 시장에 기관투자 자들이 참여하기 시작했다. 기관투자자들 중에 선봉에 있는 것은 헤지펀드 라고 할 수 있다. 헤지펀드는 위험자산을 통한 고수익을 추구하며 규제가 느 슨하다고 판단되면 다른 기관투자자들보다 빠른 의사 결정을 보인다. 그다 음으로 자산운용사와 투자회사들을 중심으로 가상화폐 투자가 이루어지고 있다. 가상화폐 기관투자자로서 후발주자는 연기금, 증권사, 보험사 등이다. 테슬라, 아마존, 애플 같은 비금융회사들도 가상화폐 투자를 시작했다. 즉, 가상화폐 시장에 드디어 큰손들이 등장하기 시작한 것이다.

가상화폐를 ETF(Exchange Traded Fund)로 구성해 상장하게 되면 주식시 장과 마찬가지로 제도권의 인정을 받은 금융상품처럼 거래가 활성화될 것 으로 보인다. 이 경우에는 개인투자자들도 ETF에 손쉽게 투자하면서 가상 화폐 시장에 자유로이 투자할 수 있는 환경이 조성될 것이다. 안정화 시기가 오기 직전에 시장의 호재 요인들이 발표된다면 다시 한번 버블이 오면서 가 상화폐 가격 상승을 기대해볼 수도 있을 것이다.

비금융사들이 코인 투자를 하는 이유

애플, 구글 같은 메이저 글로벌 기업들은 현금 및 현금성 자산을 어마어마하게 보유하고 있다. 그 이유는 수익성이 있는 프로젝트에 투입해 더 큰 수익을 내기 위함이다. 은행 이자율보다 높은 수익이 확실히 보장되지 않는다면 굳이 은행이 아닌 다른 곳에 투자할 이유가 없다.

재미있는 사실은 이런 메이저 기업들은 주식투자는 잘 하지 않는다는 것이다. 그 이유를 각종 공정거래 규제나 금융 규제 때문이라고 말할지 모르지만, 실상은 경제 분석 결과에 충실해서 그런 경우가 많다. 주식은 변동성이 심한 시장이다. 실제로 돈을 써야 하는 시점에 주식시장이 침체되는 경우 손절을 해야 하는데 그러다가 기업의 성과가 악화될 위험이 높다. 일부 기업은 여유자금으로 안전한 주식 종목에 투자하기도 하지만, 영업활동 외의 수익은 추구하지 않는 것이 일반적이다.

회사 자금을 은행에 넣어두면 오히려 수익성이 악화될 수 있다. 그러므로 많은 기업이 회사 자금을 투자자산에 투입하는 것이다. 가상화폐에도 일부 자금을 투자하는 회사가 늘고 있다. 게임 회사 '위메이드'의 경우, 블록체인 기반의 게임 개발 자회사로 '위메이드트리'를 설립해 블록체인 기술을 개발하는 동시에 가상화폐에도 투자해 이익을 내고 있다.

> 가상화폐에 자금을 투자하는 회사로는 게임 회사인 위메이드, 보험 회사 매스뮤추얼, 자동차 회사 테슬라가 대표적이다. 이유는 뭐니 뭐니 해도 수익률이다.

미국의 메이저 보험사 '매스 뮤추얼'이나 전기 자동차 회사 '테슬라'가 가상화폐 투자에 뛰어든 것처럼 우리나라에서도 삼성생명이나 삼성전자가 가상화폐에 투자한다면, 개인투자자들의 자금이 가상화폐 시장으로 몰려들 여지가 있다. 그러나 미국과 국내 사정은 많이 달라서, 우리 정부는 가상화폐 투자에 대해 각종 규제 방안을 내놓기 시작했지만 명확한 가이드라인이 부재한 상태다. 메이저 회사들이 가상화폐에 막대한 자금을 투자하기에는 아직 어려움이 있는 이유이다.

가상자산 거래를 제공하는 회사들

페이팔(PayPal)은 전 세계 200여 국가에서 개인과 사업자에게 온라인 결제 시스템을 제공하고 수수료 수익을 얻는 유명한 기업이다. 우리나라는 공인인증 시스템을 사용하기에 예외적으로 페이팔을 귀찮게 여기고 오히려 카카오페이, 네이버페이 같은 간편 결제 시스템을 더 많이 이용한다. 그러나 해외 직구를 할 경우에는 페이팔 만한 것이 없다고 하는 사람도 많다. 페이팔의 경우 가상화폐의 교환적 기능에 초점을 두고 접근하는 듯하다.

페이팔은 2020년 10월에 비트코인, 이더리움, 라이트코인, 비트코인캐시 등 가상자산 거래를 지원한다고 발표한 바 있다. 이는 페이팔이 가상자산 거래소 기능도 할 것이라는 선언과도 같다. 이와 함께 페이팔은 페이팔 가맹점에서 가상자산으로 결제할 수 있는 기능 또한 추가했다. 가상화폐를 말 그대로 '화폐'로 사용할 수 있도록 한 것이다.

페이팔(PayPal)은 가상자산 거래를 지원하고 있다. 스퀘어(Square)는 캐시(Cash)라는 앱을 통해 가상화폐 매매 서비스를 제공할 뿐만 아니라, 전체 자산의 1%를 비트코인에 투자했다.

4억 명의 사용자를 가진 페이팔과 가상화폐의 시너지는 매우 클 것이다. 이 뉴스가 발표되고 가상화폐 시장이 더 성장한 게 사실이다.

스퀘어(Square)라는 모바일 금융 서비스 기업이 있다. 2009년에 트위터 CEO인 잭 도시(Jack Dorsey)가 설립한 스퀘어는 초창기에는 스마트폰에 부착해 신용카드 결제가 가능한 휴대용 결제기 사업을 주로 했으나, 지금은 캐시(Cash)라는 앱을 통해 한국의 토스나 카카오페이처럼 간편 송금을 하고 주식과 가상화폐를 매매할 수 있는 서비스도 제공한다.

스퀘어는 2020년 10월 약 5천만 달러를 투자해 4,709개의 비트코인을 매수했다. 5천만 달러는 스퀘어 전체 자산의 약 1%를 차지하는 상당한 규모에 해당한다. 이런 투자는 다른 회사들의 연속적인 투자로 이어질 수 있다.

국내 가상화폐 시장은 기관투자자들의 유입, 메이저 회사들의 투자 증가, 시장의 제도 안정화, 규제 제도의 정착으로 인한 명확한 가이드라인 확립 등의 과제를 안고 있다. 반대로 말하면, 아직 가능성이 무궁무진한 시장이라는 말이다. 남들보다 한발 앞서 시장의 흐름과 각종 지표들을 분석하면서 가상화폐 공부를 시작해야 하는 이유가 아닌가 한다.

코린이를 위한 친절한 가상화폐 투자

03 돈 버는 투자 마인드

계란은 한 바구니에 담지 말라

한때 주식시장에서 포트폴리오를 통한 분산투자가 유행한 적이 있는데, 이 투자 원칙은 코인 시장에서도 유효하다. 한 종목에만 '몰빵'하는 투자는 리스크를 극대화하는 전략이다. 몰빵한 코인 가격이 떨어지면 모든 것을 잃을 각오를 해야 한다. 리스크를 줄이면서 안정적인 이익을 얻고 싶다면, 분산투자를 고려할 필요가 있다.

코인 투자를 한 번이라도 해본 사람은 떨어지는 코인 가격을 바라보는 것이 얼마나 고통스러운 일인지 알 것이다. 흔히 전문가들이 투자에 따른 리스크라고 말하는 게 그것이다. 좋은 종목에 투자해서 수익만 올릴 수도 있겠지만, 그것은 우리 마음대로 되는 게 아니다. 내 생각과 달리 코인 가격은 하락할 수 있다. 코인 가격이 하락하면 당연히 원금도 날릴 수 있다.

경제학을 전공한 사람이라면 코인 시장의 예상 수익률이 은행예금의 금리보다 훨씬 높다는 것을 잘 안다. '하이 리스크, 하이 리턴(high risk, high return)'이라는 말이 있듯이 리스크가 큰 만큼 예상 수익률이 높아지는 것은 당연한 원리다. 투자자들의 각오와 용기에 비례해 잘하면 큰 이득을, 잘못하면 큰 손실을 입는 것이 바로 코인 투자다.

이때 투자의 손실을 어느 정도 방지하는 전략이 바로 분산투자다. "계란을 한 바구니에 담지 말라."는 유명한 격언처럼 분산투자는 특정 코인의 가격이 떨어져서 손실이 났을 때 다른 코인의 가격이 올라서 이득을 봄으로써 손실을 상쇄하는 전략이다.

그렇다고 무조건 여러 종목을 매수하는 것은 올바른 분산투자가 아니다. 아는 종목만으로 포트폴리오를 구성하면 손실을 볼 때는 지속적으로 손실만 보는 극단적인 현상이 발생할 수 있다. 분산투자의 핵심은 성격이 다른 종목들에 나누어 투자하는 것이다. 이를테면 비트코인과 리플처럼 성격이 반대인 종목을 포트폴리오에 담는 것이다. 공격 투자를 선호하는 성향이라면 위험한 종목의 비중을 높이고, 안정적인 투자를 선호하는 성향이라면 가격 변동이 비교적 작은 코인의 비중을 늘리면 된다.

분산투자의 목표는 손실을 최소화하는 것임을 기억하자. 이왕 코인 투자를 장기적으로 할 생각이라면 성격이 다른 종목을 일정 비율로 계획성 있게 투자해보자.

프로젝트의 생존력을 보라

코인을 처음 시작한 초보자일수록 잘 따져봐야 할 것이 가상화폐 프로젝트의 생존력이다. 갑자기 상장폐지가 되어 코인이 휴지조각이 되어버리는 사태도 많기 때문이다. 투자하려는 종목이 10년 뒤에도 존재할지

> 코린이라면 특히 가상화폐가 10년 뒤에도 살아남을 생존력이 있는지 살펴봐야 한다. 이런 생존력을 내재가치라고 한다. 거래소에 상장되어도 금세 사라지는 코인들이 아주 많다.

를 먼저 생각해야 한다. 주식투자의 대가 워런 버핏은 "10년을 투자할 가치가 없다면 10분도 투자하지 말라."고 했다. 코인 역시 시장에서 10년 이상 버틸 수 있는지 프로젝트 혹은 사업의 내재가치를 파악해보고 투자해야 한다.

3부에서 차트 분석 기법을 설명하고는 있지만, 차트를 보고 투자하는 사람들은 장기 수익률을 장담하기가 어렵다. 차트는 코인 가격의 과거 행적이자 그림자일 뿐 미래를 읽는 데는 한계가 있기 때문이다. 차트로는 3개월 이후의 미래도 예측하기가 어렵다.

지금의 현실은 가상자산 프로젝트 혹은 사업의 성과가 부진하면 코인 가격이 바로 떨어지고, 심지어 일정 요건에 미달한 코인은 곧바로 휴지조각이 돼버리지 않는가! 새롭게 상장된 코인이라 해도 투자자들의 관심을 받지 못하고 기술력이나 잠재력을 인정받지 못한다면 코인 시장에 얼마 살아남지 못할 것이 분명하다.

차트만 봐서는 코인의 미래를 알 수 없다. 10년 후의 미래가 어떻게 변할지를 생각하고 이와 관련된 산업에서 유망한 종목에 투자하려면 공부를 해야 한다. 코인의 내재가치를 파악하는 방식과 분석에 참고할 다양한 채널은 7장

에서 설명하고 있다.

신중하게 사서 과감하게 팔라

코인 종목을 고를 때는 최대한 신중하게 분석하고 최대한 많이 공부해 투자에 임해야 한다. 반대로 코인을 팔 때는 너무 많이 고민하지 말고 팔아야겠다는 생각이 들면 과감하게 팔아야 한다. 이 점은 주식과 같다.

아직 내 돈이 종목 매수로 들어가지 않았다면, 매수할 종목을 좀 더 찬찬히 분석해보고 시장 상황도 살펴가며 투자해도 늦지 않다. 음식점에서 메뉴를 보고 무엇을 먹을지 결정할 때는 신중에 신중을 기하면서 코인을 살 때는 충동적인 사람들이 의외로 많다. 코인에 투자하게 되면 기본적으로 그 종목의 소유자로 오랫동안 운명을 같이해야 하는 만큼 그 코인에 대해 잘 알아보고 투자하는 것이 바람직하다. 그래야 수익률도 높일 수 있다.

막연한 희망과 기대, 혹은 원금은 건지겠다는 오기로 버티면 손실은 더욱 악화된다. 매도 타이밍이라는 판단이 들었을 때 빨리 손절매하는 전략이 필요하다.

물론 코인을 팔 때도 철저한 분석이 필요하다. 하지만 일단 팔아야겠다고 마음먹었다면 망설이는 것은 좋지 않다. 만약 자신이 예상한 목표 가격에 도달해서 수익을 실현해야겠다고 생각했다면 최대한 빨리 팔아야 한다.

주변에 코인 투자 하는 사람들을 보면 일반적으로 3~4개 종목을 보유하고 있는 것으로 보인다. 모든 종목에서 이득을 보고 높은 수익률을 올린다면 좋겠지만, 실상은 손실을 보는 종목이 적어도 하나는 있을 것이다. 손실

코린이를 위한 친절한 가상화폐 투자

이 나는 종목을 빨리 처분하는 것이 보통 사람에게는 쉬운 일이 아니다. 이미 1천만 원이나 손실을 보았다면, 그 종목이 언젠가는 오를 것이라며 희망고문을 하고 있거나, 적어도 원금은 건져야 한다며 오기로 버티고 있을지도 모른다.

그러나 떨어지는 종목은 정말 한없이 떨어지는 것이 현실이다. 코인 가격이 바닥으로 고꾸라졌을 때는 "더 오르겠지." 하는 생각을 접는 것이 좋을 수 있다. 잘 확인해보면 코인 가격이 떨어지는 것은 그럴 만한 악재가 있기 때문이다. 그런 종목은 호재가 발생하지 않는 한 코인 가격의 반등을 기대하기가 어렵다.

내가 손절해야 할 적절한 타이밍과 바닥을 찍었을 때 과감하게 매수하는 방법은 9장 차트 분석 기법을 참고하라.

시장의 큰손들을 따라가라

주식시장에서 실패하지 않는 방법으로 거론되는 대표적인 전략이 외국인투자자와 기관투자자들을 따라가는 것이다. 흔히 '큰손'이라 불리는 이들은 손해를 보지 않는 투자 전문가들이기에 그렇다. 코인 시장도 마찬가지로 큰손들만 따라가면 이익을 높이고 손해는 줄일 수 있다.

> 코인 시장의 기관투자자 동향은 '비트코인 트레저리스(Bitcoin Treasuries)'와 그레이스케일 인베스트먼트(Grayscale Investments)의 투자 포트폴리오로 파악한다.

큰손들은 개미투자자보다 자금력이 막강하고 전략 분석도 상당히 전문적인 데다, 다양한 정보를 우선적으로 수집해 투자 결정을 내리기 때문에 그들을 이기기란 쉬운 일이 아니다. 코린이라면, 큰손들이 투자하는 방향과 동일한 포지션을 잡는 것이 좋은 이유이다.

그렇다면 코인 시장의 큰손은 누구일까? 주식시장에 외국인투자자들이 있다면 코인 시장에는 그레이스케일 인베스트먼트(Grayscale Investments)가 있다. 그레이스케일은 2013년에 설립된 미국의 가상자산 신탁펀드투자 회사로 미국증권거래위원회(SEC)에 공시 대상으로 등록한 가상자산 기관투자자 1호다. 이전에는 헤지펀드나 단일 기업 등에서 가상자산에 투자하는 형태가 기관투자의 전부였다.

[그림 4-1] 그레이스케일 인베스트먼트 포트폴리오

※ https://www.coinglass.com/ko/Grayscale#premium

그레이스케일은 코인 투자 포트폴리오를 공개하고 있다. 그레이스케일 등 기관투자자들의 거래는 OTC(over-the-counter, 장외거래) 거래로 호가에 바로 반영되지는 않지만, 이들의 포트폴리오상 코인별 보유 수량 증감에 따라서 거래소 가격이나 시가총액은 큰 영향을 받는다.

그레이스케일 펀드가 어떤 코인에 투자하고 있으며 어떻게 포트폴리오를 변화시키고 있는지 매일의 현황을 체크하는 것도 코린이로서는 좋은 방법일 수 있다. 그레이스케일이 투자하고 있는 코인들을 추종할 수도 있고, 그렇지 않다 해도 시장 상황을 파악하는 데는 참고 자료가 된다.

그 밖의 기관투자자들의 투자 동향은 '비트코인 트레저리스(Bitcoin

[그림 4-2] 기관투자자들의 투자 현황 – 비트코인 트레저리스

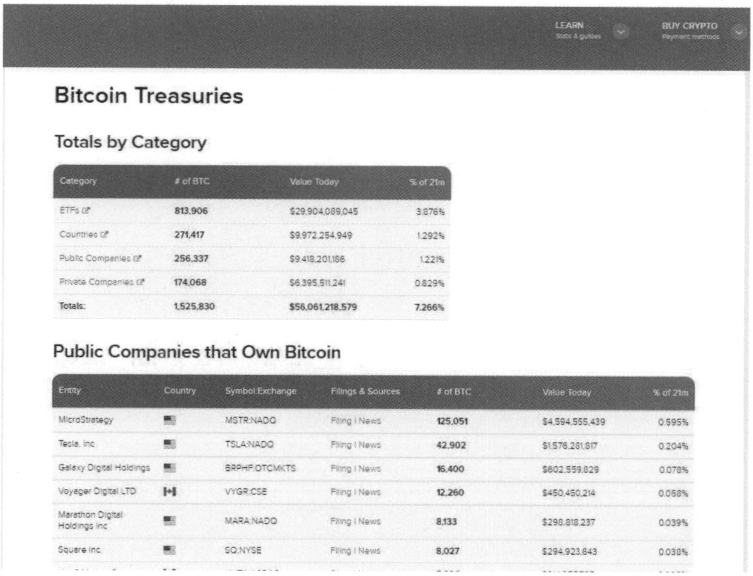
LEARN
Stats & guides
BUY CRYPTO
Payment methods

Bitcoin Treasuries

Totals by Category

Category	# of BTC	Value Today	% of 21m
ETFs	813,906	$29,904,089,045	3.876%
Countries	271,417	$9,972,254,949	1.292%
Public Companies	256,337	$9,418,201,186	1.221%
Private Companies	174,068	$6,395,511,241	0.829%
Totals:	1,525,830	$56,061,218,579	7.266%

Public Companies that Own Bitcoin

Entity	Country	Symbol:Exchange	Filings & Sources	# of BTC	Value Today	% of 21m
MicroStrategy		MSTR:NADQ	Filing I News	125,051	$4,594,555,439	0.595%
Tesla, Inc		TSLA:NADQ	Filing I News	42,902	$1,576,281,817	0.204%
Galaxy Digital Holdings		BRPHF:OTCMKTS	Filing I News	16,400	$602,559,829	0.078%
Voyager Digital LTD		VYGR:CSE	Filing I News	12,260	$450,450,214	0.058%
Marathon Digital Holdings Inc		MARA:NADQ	Filing I News	8,133	$298,818,237	0.039%
Square Inc.		SQ:NYSE	Filing I News	8,027	$294,923,643	0.038%

※ https://www.buybitcoinworldwide.com/treasuries/

Treasuries)'를 참고하면 좋다. 비트코인 트레저리스는 전 세계 기업 및 기관투자자들의 비트코인 매수 정보를 추정해 공개한다.

　비트코인 트레저리스에 접속해 현재 기업 및 기관투자자들이 공시한 비트코인 매수량을 확인하거나 OTC 마켓에서 거래된 것으로 추정되는 지갑을 확인하면 된다. 비트코인 트레저리스에서 확인할 수 있는 사항은 매수한 기관들의 명칭과 매수 시점에 투자한 금액, 현재 시점의 가치다. 이런 방법으로 기관투자자들의 투자 현황과 주요 기업들이 비트코인을 얼마나 보유하고 있는지 확인해볼 수 있다.

　[그림 4-2]를 보면, 2022년 2월 22일 기준 비트코인을 가장 많이 보유한 1등 기관투자자는 미국의 소프트웨어 기업 마이크로스트러티지(MicroStrategy)로, 125,051BTC를 소유하고 있고 미 달러로 환산한 투자액은 총 4,594,555,439달러다. 비트코인 보유 2등 기관투자자는 전기 자동차 회사 테슬러(Tesla)이며, 앞서 보았던 스퀘어(Square)는 6위에 랭크되어 있다.

　같은 날짜 기준, 비트코인을 가장 많이 소유한 나라는 불가리아로 213,519BTC를 소유하고 있고 미 달러로 환산하면 7,844,998,303달러에 해당한다. 그 뒤를 우크라이나 정부, 엘살바도르, 핀란드, 조지아 정부가 차례로 잇고 있다.

　　　　　　　　　　　　　　　　코린이를 위한 친절한 가상화폐 투자

04 ▶ 나만의 투자 기준이 중요하다

적어도 리더는 보고 투자하라

워런 버핏은 "사람에 투자한다."라는 유명한 격언을 남겼다. 2022년 블룸버그 통신이 발표한 세계 부자 순위에서 5위를 기록한 그의 투자 방식은 사람들에게 큰 영향을 미치고 있다. 다른 거물 투자자들에 비해 워런 버핏의 원칙은 담백하고 단순한데, 코인 투자에도 그의 원칙은 동일하게 적용된다. 핵심은 이해하기 쉬운 코인 프로젝트를 분석하고, 그 프로젝트를 움직이는 멤버들의 능력과 성품을 보고 투자하는 것이다. 가상자산 프로젝트도 결국 사람이 움직이는 것이므로, 프로젝트의 창립자 혹은 개발자의 의사 결정에 사업의 미래가 달렸다고 해도 과언이 아니기 때문이다.

코인 투자에서 프로젝트 멤버 분석은 정성 분석(qualitative analysis)에 속하며 계량화할 수 없는 주관적인 요소인 것이 사실이다. 그러나 리더들의 도덕

성과 경력, 경영철학은 그 가상자산 프로젝트 혹은 사업의 성패를 좌우할 정도로 중요하다. 미국 주식시장에서 스티브 잡스(Steve Jobs)의 높은 영향력을 생각하면 이해하기 쉬울 것이다. 잡스의 인물 프리미엄은 상상을 초월할 만큼 대단한데, 코인 투자에서 인물 프리미엄은 훨씬 더 심할 수 있다.

프로젝트 멤버들이 어떤 인물인지 파악하지도 않은 채 그 종목에 투자한다는 것은 마치 "배우자가 누구인지도 모르고 결혼하는 것"과 다를 바 없음을 기억하자.

독점력도 투자의 기준이다

가상자산 프로젝트의 10년, 20년 지속적인 성장력을 판단하는 기준으로 독점력을 꼽을 수 있다. 코인 시장에서 독점력은 어떻게 판단할까? 독점력은 기본적으로 코인의 기술력과 이에 대한 활용 가능성에서 발생하지만, 기술적 혁신이나 기술 활용성에서만 나오는 것은 아니다. 고객에게 인식되는 브랜드 가치와 고객 충성도, 진입장벽이 될 정도의 규모, 시장의 선두적 지위 등 다양한 요인이 독점력을 창출해낸다.

가상자산 프로젝트 혹은 사업 가운데 독점력을 갖춘 대표적인 것이 바로

> 독점력을 갖춘 코인에 투자하는 것도 좋은 방법이다. 1등 비트코인이 바로 그런 예다. 독점력 있는 코인은 가격이 비싸지만 망할 가능성은 거의 없다.

비트코인이다. 1등인 비트코인과 2등인 이더리움의 격차는 상당하다. 이더리움의 높은 기능에도 불구하고 사람들의 인식에는 비트코인이 훨씬 크게 자리매김하고 있다

　코린이를 위한 친절한 가상화폐 투자

는 이야기이다.

독점력을 통한 이익이 지속되느냐도 중요하게 고려해야 할 요소다. 지금 당장은 독점력이 있지만 조만간 다른 가상자산 프로젝트 혹은 사업에 그 자리를 내주어야 할 상황이라면, 코인 가격은 하락세를 탈 수 있다. 아무리 강력한 독점력을 지녔다 해도 독점시장 자체가 사라질 운명인 경우도 마찬가지로 해당 종목은 존속하기 어려울 것이다.

독점적 지위를 유지하고 지속적으로 이익을 창출할 수 있는지를 따져보려면 지금까지 지속적으로 성과를 내왔는지, 앞으로도 전망이 밝은지를 따져봐야 한다. 독점력이 있는 가상자산은 가격이 비교적 비싸다. 비트코인은 2022년 2월 기준으로 1개당 가격이 4,500만 원이 넘는다. 다만, 비트코인은 10% 가격부터 매수할 수 있으니 가격 부담을 낮출 수 있고, 비싼 가격인 만큼 매수 타이밍이 중요하다.

코인의 매수 시점은 가격이 최저점으로 떨어졌을 때가 좋다. 가격이 싸게 형성되는 불황기나 악재로 인한 폭락장에 매수하라는 이야기이다. 특히, 독점력을 갖춘 가상자산은 망할 가능성이 거의 없다.

상한가와 하한가 전략

코인 가격이 떨어질 때 앞으로 더욱 하락할 것을 예상하고는 손해를 무릅쓰고 코인을 파는 행위를 손절매라고 한다. 대개는 가격의 하한선을 정해놓고 그 수치에 도달하면 손절매를 한다. 반대로 목표 가격의 상한선을 정해놓고 코인을 팔아서 수익을 실현하는 전략도 있다.

많은 투자자가 코인 가격의 상한선을 정해놓고 투자에 돌입한다. 하지만 해당 코인의 가격이 얼마까지 오를지는 신도 모른다는 이야기가 있다. 그런데 전문가라고 알 수 있을까?

코인 가격이 얼마나 오를지를 미리 점치고 투자하는 것은 마치 자신의 잠재력을 정해놓고 인생을 살아가는 것과 같다. 코인의 성장성과 수익성은 무한한데 그 가능성을 제한하고 투자한다면 "나는 큰돈 벌기 싫다!"고 외치는 것과 다르지 않다.

손절매와 목표가 설정 이 두 가지는 데이트레이딩처럼 차트를 가지고 패턴으로 투자하는 단기투자자들에게나 의미 있는 개념이다. 내재가치를 보고 장기투자하는 입장에서 목표가는 가상자산 프로젝트가 성장하는 만큼이며, 성장 가능성이 전혀 없는 상태가 아닌 이상 손절매에 대해선 크게 관심을 두지 않는다.

매일 차트를 보면서 오르면 팔고 떨어지면 사는 데이트레이더들에게는 손절매가 큰 의미를 지닐 것이다. 그러나 다른 직업이 있는 건전한 투자자에게 목표가나 손절매를 따지는 행위는 인생의 가장 큰 자산인 시간을 낭비하는 일일 수 있다. 게다가 신기하게도, 목표가를 정하고 그 목표가에 종목을 처분한 뒤에도 코인 가격은 지속적으로 오른다.

상한선이나 하한선을 정하는 것은 크게 의미 있는 일이 아니다. 오히려 투자의 기간을 얼마로 정할지 고민하는 게 더 가치 있을 수 있다. 가격 상한선을 정하거나 손절매에 관심을 두게 되면 코인 투자는 일상을 방해하게 되고 도박이나 투기가 되기 십상이다. 게다가 코인 가격이 더 오르지 말라는 법도 없지 않은가! 특히 코린이라면 투자의 기준을 목표 가격이 아닌 가상자산 프로젝트의 내재가치에 두길 바란다. 그렇게 생각을 바꿔야 투자가 재미있어진다.

목표가는 어찌 보면 코인을 사서 파는 물건으로 바라볼 때 나올 수 있는 개념이다. "모든 경제활동에서 내가 산 물건이 가장 싱싱한 가격일 때 되파는 것이 이득이 아닌가?"라고 항변할 수 있지만, 그런 생각으로는 절대 큰 자산가가 될 수 없다. 고작 단기간에 몇 퍼센트의 수익률을 달성했다고 자랑하는 장사꾼은 될 수 있겠지만 말이다.

신규상장 코인에 투자하면 대박 난다던데

신규상장 코인에 투자하거나 상장 예정인 비상장 코인에 투자하면 분명 큰 돈을 벌 가능성이 있다. 상장 초기에는 해당 가상자산의 내재가치가 시장에 잘 알려지지 않아 저평가될 수밖에 없기 때문이다. 그러나 속칭 '레몬'이라는 경제 용어를 기억할 필요가 있다.

레몬은 속이 시커멓게 썩어도 겉은 멀쩡해 보이는 속성이 있다. 이처럼 코인도 거래소에 멀쩡히 상장해도, 알고 보면 재무구조가 별로이고 수익성도 없으며, 미래 성장 가능성도 거의 없는 레몬일 수 있다. 레몬 코인이 의외로 많다. 따라서 신규상장 코인이라고 해서 무조건 투자하는 것은 위험한 일이다.

신규상장 코인이라고 해서 단기적으로 무조건 대박을 내는 것도 아니다. 상장한 지 얼마 안 돼 코인 발행자가 사기로 고소를 당하거나 상장폐지되는 어처구니없는 상황도 발생한다. 2021년 4월 22일 가상화폐 거래소 바이낸스가 비트코인SV의 상장폐지를 결정한 일이 있었는데 이는 큰 화제였다. 비트코인SV는 비트코인캐시에서 분리된 두 가상화폐(비트코인SV, 비트코인ABC) 중 하나로 시가총액 14위에 해당하는 우량 코인이었기 때문이다.

바이낸스는 상장폐지 이유를 "이용자 보호와 지속 가능한 블록체인 생태계 조성을 위한 결정"이라고 설명했지만 투자자들은 납득하기 어려웠다. 일반적으로 상장폐지되는 이유는 거래량이 적거나, 기술력이 부족하거나, 해킹을 당하거나 사기로 판명된 것을 들 수 있다. 국내 거래소 업비트도 2021년 3월 블록틱스, 살루스, 솔트, 윙스다오 총 4개의 코인의 상장폐지를 발표했는데, 그 이유를 "기술적 진전이 없고 실질적인 사용자가 없어서"라고 설명했다.

하루에도 수십 건의 신규상장 종목이 뜬다. 그 가운데서 옥석을 가려내려면 가상자산 프로젝트 혹은 사업에 대해 부단히 알아보고 이슈를 분석해야

[표 4-1] 분리되거나 사라진 가상화폐

가상화폐	시가총액(원)	상장폐지된 이유
비트코인SV	1조	이용자 보호
블록틱스	10억	기술적 진전이 없음
이더리움 클래식	6,800억	해킹으로 분리 상장
트레저 SL 코인	——	스캠 코인(사기)

※ 자료: 코인마켓캡, 2021년 4월 25일 기준

한다. 나아가 프로젝트 혹은 사업의 홈페이지 게시판에 글을 남긴다거나 담당자에게 연락해서 사업계획을 받아보는 노력도 필요하다.

코린이는 얼마로 시작해야 할까?

코린이라면 얼마를 투자해야 적정한지 궁금할 것이다. 나는 그런 질문을 받을 때마다 월급에서 일정 금액을 떼어 좋은 코인을 하나씩 사두라고 말한다. 큰돈을 투자해 단번에 부자가 되려고 하면 도박 마인드로 흐르기 쉽다. 적은 금액을 꾸준히 투자하는 것만이 장기간에 걸쳐 부자가 되는 길이라고 생각한다.

중요한 것은 투자금을 정말 피 같은 돈이라고 생각하는 것이다. 직장인이라면 매일 출퇴근하느라 피곤한 몸을 이끌고 상사의 듣기 싫은 잔소리까지 참아가며 번 돈으로 투자를 시작하는 것이다. 금수저로 태어나지 않은 이상 돈 버는 일이 얼마나 힘들고 치사한 것인지는 경제생활을 해본 사람이라면 누구나 안다. 이렇게 일해서 받은 돈을 고스란히 여가 생활이나 유흥에 탕진하는 일은 없길 바란다. 그 피 같은 돈이 훗날 당신을 더는 치사하게 살지 않도록 만들어줄 것임을 기억하라.

투자금을 얼마로 시작해야 하는지 정답은 없다. 다만 분명한 사실은, 코인 공부는 빠를수록 좋고, 좋은 종목을 수집하는 것도 빠를수록 좋다는 것이다. 월급을 받고 지출하고 남은 돈을 저축하는 사람들이 많다. 적금을 넣거나 보험에 가입하는 사람도 있고 금융기관에서 알아서 굴려줄 것을 기대하며 펀드에 가입하는 사람도 있다. 그것도 잘못된 것은 아니지만, 그렇게 해서는 당신이 상상하는 1,000% 이상의 수익을 내기는 어렵다.

월급을 받으면 매월 지출액을 일정하게 통제하고 나머지는 무조건 주식이나 코인을 하나씩 사라. 이를 습관화하면 놀라운 일이 발생한다. 내 주변에는 코인 투자로 10억 원 이상을 번 친구들도 있다. 이들의 이야기를 들어보면 하나같이 월급에서 일정 금액을 떼서 코인을 매수하는 데 썼다고 한다. 이들은 코인을 사서 파는 물건으로 생각하지 않고, 그 프로젝트의 미래이며 꿈이라고 생각한다. 그런 생각으로 좋은 가상자산을 발굴하고 코인을 수집하기를 바란다.

코린이를 위한 친절한 가상화폐 투자

Ⓑ ————————————————————————————————

5장에서는 가상화폐에 투자하는 다양한 방법에 대해 알아봅니다. 크게는 거래소를 통한 가상화폐 매매, 채굴, ICO에 참여하는 방법으로 구분됩니다. ICO는 코인이 거래소에 상장되기 전 백서만 보고 투자하는 일종의 사전 투자 과정을 말합니다. 현재 ICO 또는 Pre ICO는 국내에서는 법으로 금지되어 있어서 해외에서만 이루어지고 있지만 윤석열 정부에서 이는 바뀔 가능성이 높습니다. 신정부에서 바뀌게 될 코인 시장의 전망은 부록에 정리했습니다. 그 밖에 스테이킹, 에어드롭, 렌딩 서비스 등 직접 투자 방식이 있고 펀드, ETF 등 간접 투자 방식도 있습니다. 본문에서 자세히 살펴보고 있습니다. 스타트업을 준비하는 이들을 위해 코인 ICO 절차도 자세히 설명하고 있습니다. 다른 스타트업과 달리 코인 스타트업은 자본금 없이도 아이디어만으로 충분히 성공할 수 있다는 점에서 매력적이기 때문입니다.

————————————————————————————————

5장

코인 투자
다양한 방법이 있다

범주 1. 가상화폐 트레이딩

가상화폐 투자라고 하면 가상화폐를 사고파는 것만 생각하기 쉽다. 그러나 가상화폐에 투자하는 방법은 그 외에도 두 가지나 더 있다. 첫 번째, 가상화폐를 직접 매매하는 방법부터 차례로 살펴보자.

가상화폐도 주식처럼 사고팔고 수요와 공급에 따라 가격이 실시간으로 변화한다. 다만, 주식시장에 비해 가상화폐 시장은 참가자 수가 적기 때문에, 이른바 '큰손'들에 의해 가격 등락이 큰 편이다. 가상화폐가 일종의 투기성 자산이 된 것은 그런 요인도 작용한다.

반대로, 그런 점 때문에 가상화폐 매매로 시세 차익을 얻기에는 좋은 시장이 형성되

장외거래(OTC): 거래소를 통하지 않고 외부에서 매매하는 방법. 보통은 채굴자와 기관투자자들이 가상화폐를 대량 매매할 때 활용된다. 브로커를 통한 매매, OTC 트레이더를 통한 매매, OTC 데스크를 통한 매매가 있다.

었다고 할 수 있다. 주식이나 기타 파생상품에 비해 규제가 적고, 즉시 현금화가 가능하다는 점도 가상화폐 시장의 매력이다. 따라서 가상화폐 시장은 당일에 싸게 사서 당일에 비싸게 파는 데이트레이딩이 비교적 활발하다.

거래소 및 장외거래

가상화폐 매매는 사고자 하는 가격에 매수 주문을 하고, 팔려는 가격으로 매도 주문을 넣어 가격이 맞으면 거래가 성사된다. 이 점은 주식의 매매 방식과 같다. 가상화폐 매매는 다시 거래소를 통한 매매와 장외거래(OTC: Over-The-Counter)로 나뉜다. 많은 사람이 빗썸이나 코인원 같은 거래소 매매만 알겠지만, 거래소를 통하지 않고 외부에서 매매하는 방법도 있다. 이를 장외거래 또는 OTC라고 한다.

가상화폐 OTC는 주식 OTC 시장과는 성격이 좀 달라서, 채굴자와 기관 투자자들이 대량으로 가상화폐를 매매할 때 활용된다. 장외거래 시장에서는 한번에 거래되는 양이 많기 때문에 거래소 시세보다 매수 가격은 훨씬 높게, 매도 가격은 훨씬 낮게 책정해야 매매가 원활해지는 경향이 있다.

장외거래는 다시 거래 브로커를 통한 매매, OTC 트레이더를 통한 매매, OTC 데스크를 통한 매매로 구분된다. 거래 브로커란 중간에서 거래를 주선하는 사람, OTC 트레이더란 가상화폐를 직접 소유하면서 자신이 보유한 가상화폐를 거래하는 사람, OTC 데스크란 대형 거래소나 기관에서 공식적으로 운영하는 곳을 말한다.

범주 2. 가상화폐 채굴

법정화폐는 중앙은행에서 적정한 발행량을 조절하면서 인플레이션과 금리를 조절한다. 그래서 중앙은행의 역할이 매우 중요하고 법정화폐 공급은 일반인이 통제할 수 없는 변수이다. 그렇다면 가상화폐도 중앙에서 공급량을 통제하는 것일까?

정답은 케이스 바이 케이스! 가상화폐마다 다르다. 공급량이 무한정인 가상화폐가 있고, 최대 공급량이 정해진 가상화폐도 있다. 공급량이 무한정이든 최대 공급량이 정해졌든 보통은 누구나 가상화폐를 발행할 수 있다. 다만, 최대 공급량이 정해진 가상화폐의 경우, 발행량이 제한될 뿐이다. 가상화폐를 발행하는 행위를 채굴(mining)이라고 하며, 채굴자는 채굴의 대가로 가상화폐를 받음으로써 수익을 실현하게 된다.

가상화폐의 종류가 다양하고 그 구조가 모두 다르므로 채굴에 관해 일반화할 수는 없다. 가령 비트코인은 발행량이 2,100만 개로 고정되었기 때문에 이론적으로는 채굴량을 다 채우면 더는 발행될 수 없다.

> 가상화폐의 발행량은 정해지기도 하고 무한정이 되기도 하는데 이 점은 백서에서 밝힌다. 비트코인은 발행량이 2,100만 개로 고정되었다.

비트코인의 블록체인 기술로 만들어진 비트코인은 블록들의 연결로 구성되어 있는데, 연결을 이어갈 블록들을 생성해 나가는 과정에 채굴이라는 개념이 개입한다. 채굴자는 블록을 연결하는 암호값을 해독하게 되고, 가장 먼저 암호 해독에 성공한 사람에게 보상으로 비트코인이 지급된다. 열심히 수학 문제를 풀어서 비트코인을 얻게 되는 것이 마치 광산에서 금을 채굴하는 것 같다고 해서

코린이를 위한 친절한 가상화폐 투자

이를 '채굴'이라 부르는 것이다. 채굴자들은 그렇게 획득한 비트코인을 매매하면서 수익을 창출한다.

범주 3. 가상화폐 ICO에 참여

이번에는 거래소 상장 전에 가상화폐에 투자하고 상장 이후 매도해 시세 차익을 얻는 방법에 대해 알아보자. 이는 주식시장의 IPO와 비슷한 개념이다. IPO(Initial Public Offering)란 주식을 외부 투자자에게 공개해 이를 매도하는 과정을 말하며, 기업공개라고도 한다. 이와 비슷하게 가상화폐를 공개해 외부 투자자들을 모집하고 매도하는 과정을 ICO(Initial Coin Offering) 혹은 가상화폐 공개라고 한다.

가상화폐 개발자는 ICO를 통해 초기 개발 자금을 확보하고, 투자자는 ICO에 참여함으로써 거래소 상장 전에 코인을 보유하게 된다. 거래소에 상장된 이후 코인 가격이 상승함에 따라 이를 매도해 수익을 실현할 수 있다.

> ICO(가상화폐 공개): 주식시장에서 기업공개를 IPO라고 한다면, ICO는 신규 가상화폐를 거래소에 등록하기 전 백서를 공개해 투자자를 모집하는 과정을 일컫는다. 가상화폐 공개라고도 한다. 현재 국내에서는 ICO가 법으로 금지되어 있지만, 신정부는 이를 허용하겠다고 밝힌 바 있다.

ICO 참여 시 주의해야 할 일반적인 사항이 있다. 새로운 코인은 개발 기간이 길어질 수 있고, 거래소 상장 이후 생각보다 거래가 잘 안 이루어질 수도 있으며 투자금보다 낮은 가격으로 매도해야 할 수도 있다. 따라서 ICO에 참여하기 전에 가상화폐의 백서나 마케팅 자료, 그리고 인지도 등을 비교적 철저히 검토할 필요가 있다. ICO에 참여하는 사전 투자에 관해서는 뒤이어 자세히 살펴보고 있다. 사전 투자의 장단점을 잘 따져보길 바란다.

지금까지 가상화폐 투자 방법을 크게 세 가지 범주로 살펴보았다. 그중 일반 투자자들이 하는 가장 일반적인 방법은 거래소에서 싼 가격에 코인을 사서 비싼 가격에 팔아 수익을 실현하는 가상화폐 트레이딩이다. 다음에서는 가상화폐 투자 방법을 직접 투자와 간접 투자로 구분해 각각에 대해 좀 더 자세히 살펴본다.

코린이를 위한 친절한 가상화폐 투자

가상화폐 직접 투자

사전 투자에 참여하기

이번에는 가상화폐 직접 투자에 대해 구체적으로 알아본다. 가상화폐 직접 투자란 가상화폐를 직접 사고파는 것을 말한다. 소유권 개념으로 말하면 직접 투자란 투자자가 가상자산의 소유권을 직접 취득하는 방식에 해당한다. 반대로 간접 투자란 펀드 등을 통해 가상자산과 관련된 권리를 취득하는 투자를 말한다. 일반적으로 개인투자자는 직접 투자를 통해서 자산을 확보하는 경우가 다수이며, 법인인 경우 직접 투자와 간접 투자를 두루 사용한다.

직접 투자도 다시 여러 방식으로 구분할 수 있는데, 가장 일반적인 방식은 거래소에서 거래되고 있는 가상화폐를 직접 매매하

> 사전 투자에는 ICO와 Pre ICO가 있다. ICO는 거래소에 상장하기 전에 공개적으로 투자자를 모집하는 과정이고, Pre ICO는 가상화폐 개발 전에 비공개로 투자자를 모집하는 과정이다. 사전 투자는 2022년 현재 국내에서는 금지된 사항이다.

는 방법이다. 거래소에서 직접 가상화폐를 매매하는 방법은 별도로 살펴보고 여기서는 그 외의 직접 투자 방법을 알아보자. 첫 번째는 ICO와 Pre ICO에 직접 참여하는 방법이다. ICO와 Pre ICO는 모두 상장 전 투자를 유치하는 과정을 말한다.

신규 가상화폐가 개발되는 경우에 일반적으로 거래소 상장 전에 ICO 절차가 진행된다. 가상화폐를 거래소에 상장하기 전에 개발 단계에 공개해 외부 투자자들을 모집하고 매도하는 과정을 ICO라고 한다고 앞서 보았다. 주식의 IPO와는 다르게 ICO는 절차와 내용에 대한 규제가 특별히 없다. 그래서 가상자산 사업자가 정한 절차 및 내용(이는 백서에 기재됨)에 따라 ICO가 이루어진다.

사전 투자의 장단점

일반적으로 ICO는 가상화폐 개발 단계에서 자금을 모집하는 방식으로 이루어지나, 가상화폐 개발에 앞서 자금을 모집하는 Pre ICO도 활발하게 이루어지고 있다. 다만, ICO 및 Pre ICO는 투자자 보호 측면에서 국내에서는 사실상 금지된 상태이다. 해외에서 ICO 및 Pre ICO가 진행될 때도 한국인이나 한국 거주자를 상대로는 불법일 수 있으니 주의해야 한다. 그러나 신정부의 공약에 따라 2022년 이후 이 점은 달라질 수 있다. 자세한 내용은 부록을 참조하라.

ICO에 참여하는 가상화폐 투자자들은 현금 또는 비트코인, 이더리움 등

코린이를 위한 친절한 가상화폐 투자

을 지급하고 신규 가상화폐를 지급받는다. 이후 신규 가상화폐가 거래소에 상장되는 경우 보유하고 있는 가상화폐를 매각해 투자금을 회수할 수 있다.

백서가 작성되고 공개적으로 투자자를 유치하는 ICO 절차 이전에 비공개적으로 진행하는 자금 모집 방법을 Pre ICO라고 한다. 즉 가상화폐 개발 이전에 투자자를 유치하는 것이다. 보통 ICO라 할 때 Pre ICO를 포함해 말하기도 한다.

Pre ICO 단계에 참여하는 경우, 가상화폐를 취득하는 것이 아니라, 장래 발행 예정인 가상화폐를 취득할 권리를 취득하는 것이다. 즉 Pre ICO는 이른바 미래의 토큰을 위한 단순 계약(SAFT: Simple Agreement for Future Token) 방식으로 이루어진다.

SAFT 방식으로 투자하는 경우 가상화폐 발행 전에는 투자금 회수가 어렵고, 백서가 작성되기 전에 이루어지는 경우가 많으므로 실제 발행되는 가상화폐의 내용이 변경될 수도 있다는 점에서 투자의 위험성이 높다. 다만, 훨씬 저렴한 비용으로 코인을 매수할 수 있다는 점은 가상화폐 발행 전 사전투자의 장점이다.

스테이킹으로 가상화폐 취득

헤징(hedging)으로 가상자산을 취득하는 방법도 있다. 헤징이란 가격 변동성에 대한 손실을 최대한 줄이기 위해 선물(forward), 옵션(콜옵션, 풋옵션) 등 파생상품을 구매하는 방법을 말한다. 가상화폐 헤징으로는 파생상품 구매

스테이킹(staking): 보유하고 있는 가상화폐의 일정량을 해당 블록체인 네트워크에 예치하고, 블록 생성 검증을 거쳐 가상화폐로 보상받는 절차를 말한다. 스테이킹은 은행의 예, 적금 이자와 비슷한 개념으로 이해할 수 있다. 스테이킹 이자율은 1~20%로 다양하다.

와 스테이킹(staking) 등이 있다. 먼저, 스테이킹에 대해 알아보자.

스테이킹은 자신이 보유하고 있는 가상화폐를 블록체인 네트워크 운영자에게 위임해 특정 기간 동안 거래할 수 없도록 하는 대신, 해당 블록체인의 블록 생성 검증 등 네트워크 운영에 참여해, 자신의 지분(stake)만큼 보상을 받는 것을 말한다. 자신의 가상화폐 일정량을 네트워크 운영자에게 예치해 그 지분만큼 보상을 받는다는 의미에서, 스테이킹은 은행의 예, 적금 이자와 비슷한 개념으로 이해할 수 있다.

스테이킹 이율은 가상자산의 종류 및 내용에 따라 1~20% 정도로 다양하다. 가상화폐 시장이 불황일 경우 스테이킹을 고려해볼 수 있지만, 스테이킹 기간 동안 가상화폐 매각이 어렵기 때문에 갑작스럽게 가격이 급등하는 경우를 염두에 두는 신중한 자세가 필요하다.

스테이킹 서비스를 제공하는 업체가 가상자산 사업자로 신고를 했는지도 확인할 필요가 있다. 2021년 개정된 특금법은 '가상자산을 보관 또는 관리하는 행위'를 가상자산 사업자의 영업 행위로 열거하고 있는데, 스테이킹은 가상자산을 보관 또는 관리하는 행위에 해당하므로 스테이킹 업체는 가상자산 사업자로서 신고할 의무가 있다.

가상화폐 파생상품

가상화폐 파생상품으로는 선물, 옵션 등이 있다. 대표적인 가상화폐 선물거래소로는 시카고옵션거래소, 시카고선물거래소, 시카고상품거래소, 백트, 에리스X가 있다. 시카고선물거래소는 2019년 3월에 비트코인 선물상품 판매를 중단한 바 있다. 시카고상품거래소는 비트코인 선물과 이더리움 선물을 운용하고 있다. 이후에 등장한 선물거래소 백트는 뉴욕증권 거래소의 모회사 ICE가 마이크로소프트, 스타벅스와 함께 설립한 곳으로, 선물 거래에 실무 인수도를 사용한다는 점이 특징이다. 시카고옵션거래소와 시카고선물거래소는 현금 결제 방식으로 비트코인 선물을 운용하고 있다.

국내에서는 가상자산 선물시장을 운영하는 것이 실무적으로 어려운 상황이다. 가상자산이 선물의 전제가 되는 기초자산에 해당하는지 여부가 불분명하고, 정부의 부정적인 입장으로 인해 가상자산 선물을 만들기 어렵기 때문이다.

에어드롭과 렌딩 서비스

에어드롭(airdrop)이란 홍보용 코인을 무상으로 지급하는 행위를 말한다. 보통 에어드롭은 기존 가상화폐 보유자들에게 무상으로 가상화폐를 배분해 지급하는 형태로 나타나는데, 주식으로 치면 무상증

> - 에어드롭(airdrop): 홍보를 위해 가상화폐를 무상으로 지급하는 형태. 신규 가상화폐를 마케팅 차원에서 무상으로 지급하기도 한다.
> - 렌딩(lending): 일종의 코인 담보 대출 서비스. 특정 가상화폐를 담보로 다른 가상화폐 또는 현금을 대출해준다.

자나 주식배당과 비슷한 개념이다. 신규 가상화폐의 경우 인지도 상승 등 마케팅을 위해서도 에어드롭 서비스를 제공한다. 에어드롭으로 지급하는 가상화폐는 제공 업체의 가상화폐와 동일한 것일 수도 있고 전혀 다른 종류일 수도 있다.

[그림 5-1] 쎄타토큰 초기 화면

※ https://www.thetatoken.org

코린이를 위한 친절한 가상화폐 투자

에어드롭이 코인 시장에서 호재로 작용한 사례로 쎄타토큰(thetatoken)을 들 수 있다. 쎄타토큰은 2017년 미국에서 발행된 코인으로 동영상이나 비디오 플랫폼 개발을 지원하는 블록체인 기술로, 2021년 6월 기준으로 시가총액이 약 900억 원가량이다.

쎄타토큰 프로젝트팀은 2019년 3월에 메인넷 출시와 동시에 쎄타퓨엘이라는 토큰의 에어드롭을 발표했다. 당시 쎄타토큰은 시장에서 별 관심을 받지 못하고 있었기에 쎄타퓨엘 또한 투자자들은 잘 모르고 있었다. 그러나 이 에어드롭 소식이 퍼지자 그해 2월에 90원 정도 하던 쎄타토큰이 3월에는 200원대를 돌파했다. 이 정보를 알았다면 분명 큰 시세차익을 챙겼을 것이다.

렌딩(lending) 서비스란 특정 가상화폐를 담보로 다른 가상화폐 또는 현금을 대출해주는 서비스를 말한다. 렌딩 서비스는 가격 변동성에 따른 시세차익 거래에 유리하다. 다만, 투자자는 담보 대비 대출받은 가상화폐의 비율을 일정 수준 이하로 유지해야 하며, 일정 수준을 초과하는 경우 자동 상환이 이루어질 수 있다.

03

가상화폐 간접 투자

코인이 담긴 펀드 구매

간접 투자란 직접 코인을 사고파는 것이 아니라 코인과 관련된 권리를 취득하는 방식을 말하며, 코인이 담긴 펀드를 구매하는 것이 대표적이다. 간접 투자는 거래소를 통해 이루어지지 않고 가상자산 사업자 혹은 엑셀러레이터 등을 통해 개별적으로 이루어진다. 따라서 개인투자자가 가상자산 간접 투자에 접근하기란 쉽지 않다. 간접 투자 방법은 투자 구조를 어떻게 짜느냐에 따라 달라질 수 있어서 일반화하기 어렵기 때문에 대표적인 방식만 살펴보자.

> 간접 투자란 코인이 담긴 펀드를 구매하는 것이다. 우리나라는 법률상 가상자산 사업자에게 투자하는 펀드를 구매하는 방법이 있다.

우선, 가상자산에 투자하는 펀드를 구매하는 방법이 있다. 다만, 우리나라 법률상 가상자산에 투자하는 펀드는 조성되기 어렵고 가상자산 '사업자'에게 투자하는 펀드를 구매하는 방법이 있다. 가상자산 사업자에게 투자하는 펀드에 참여하는 것은 특별히 문제되지 않는다. 자본시장과 금융투자업에 관한 법률에 따른 전문투자형 사모집합 투자기구, 벤처투자 촉진에 관한 법률에 따른 벤처투자 조합 등이 발행한 펀드가 그렇다.

가상자산 사업자에게 투자하는 펀드를 조성할 때, 가상자산 사업자가 발행한 가상화폐에 대한 권리를 취득하는 구조가 되기도 한다. 가령, 가상자산을 특정한 가격에 취득할 수 있는 옵션이나 워런트에 투자하는 것이다. 다만, 이 경우 현행 법률에 부합하는지는 지속적으로 검토할 필요가 있다.

가상자산 ETF 투자

가상자산 상장지수펀드, 즉 ETF에 투자하는 방법도 있다. 국내에서는 가상자산의 ETF가 결성되는 것이 어렵지만 해외에서는 일부 가상자산을 기초로 ETF를 결성한 사례가 있다. 캐나다의 온타리오증권위원회는 자산운용사 퍼포즈 인베스트먼트(Purpose Investments)가 신청한 비트코인 ETF를 승인했고, 2021년 2월 18일부터 비트코인 ETF가 토론토 증권 거래소에서 거래되고 있다.

캐나다에 이어 미국에서도 몇몇 자산운용사가 증권거래위원회(SEC)에 가상자산 ETF 허가를 신청하고 승인을 기다리고 있는 상태다. 대표적인 자산운용사로 반 에

> 가상자산 ETF: 가상자산을 증권 거래소에 상장해 주식처럼 거래하도록 하는 상품을 말한다. 캐나다 토론토 증권 거래소에 상장된 비트코인 ETF가 대표적이다.

크 어소시에츠(Van Eck Associates), 솔리드엑스(SolidX Management LLC) 등이 2021년 허가를 신청한 상태다. 과거 SEC는 자산운용사들의 ETF 신청에 관해 "비트코인 ETF 거래 계획이 사기나 시세 조작을 막고 투자자와 공익을 보호하기에 충분하지 않다."는 이유로 승인을 거절한 바 있다. 미국의 비트코인 ETF 승인은 가상화폐 투자의 획기적인 전환점이 될 것이다.

기타 가상화폐 서비스

> 커스터디(custody): 가상화폐의 보관, 관리 서비스를 업으로 하는 것. 대규모 자금을 보관해야 하는 기업 및 기관투자자들이 주로 이용한다.

가상화폐의 보관, 관리 행위 전반을 업으로 하는 것을 커스터디(custody) 서비스라고 한다. 주식 거래의 커스터디 서비스와 동일한 개념이다. 현재 커스터디 서비스는 주로 해외 업체에서 제공하고 있고, 국내에서는 은행을 중심으로 커스터디 사업을 추진 중이다. 대표적으로 신한은행, 코빗의 KDAC, KB국민은행의 KODA가 커스터디 서비스를 시행하고 있다. 대규모 자금을 보관해야 하는 기업 및 기관투자자들에게는 커스터디 서비스가 필요할 것이다.

가상화폐에 대한 커스터디 서비스는 개정 특금법상 가상자산 사업자의 행위에 해당한다. 따라서 커스터디 서비스를 제공하는 자가 가상자산 사업자 신고를 했는지 여부를 확인하는 것이 바람직하다.

04

코인 사전 투자 완전 분석

ICO와 IPO의 공통점과 차이점

가상화폐 개발 단계에서 거래소에 상장하기 전에 자금을 모집하는 과정을 ICO라고 한다는 것을 앞서 보았다. 지금부터 ICO의 의미와 절차에 대해 좀 더 자세히 알아보자. 여기서 ICO는 Pre ICO도 포함한다.

ICO는 IPO와 비슷한 점이 많다. IPO란 주식시장 상장 전 기업공개를 뜻하며, 기업의 주식과 경영 내역을 공개하는 것을 말한다. IPO의 목적은 주식 상장과 대규모 자금 조달이다.

IPO를 기업공개라고 한다면, ICO는 가상화폐 공개라고 말할 수 있다. 다만 IPO는 회사의 형태를 갖추고 이미 매출 실적이 있는 기존의 회사를 주식시장에 상장시키

> ICO 투자자는 자신이 보유한 가상화폐를 투자하고 개발자가 발행하게 될 가상화폐 또는 비트코인 등을 지급받는다. ICO는 가상화폐 개발 전 아이디어 단계에서 투자자를 유치한다는 점에서 장점이 있다.

기 위해 진행하는 절차인 것에 반해, ICO는 가상화폐 개발 단계인 아이디어 구상 단계에서 백서만 공개함으로써 투자자를 유치할 수 있다는 차이점이 있다.

IPO는 외부 투자자들에게 처음으로 주식을 공개 매도하는 형태로 진행되는 반면, ICO는 향후 판매할 가상화폐를 블록체인상에서 미리 분배하는 형태로 진행된다. 개발자 입장에서 ICO의 큰 장점은 필요한 자금을 언제 어디서든 쉽게 유치할 수 있다는 것이다. ICO에 참여한 투자자들은 자신이 보유한 가상화폐를 투자하고 개발자가 발행하게 될 가상화폐 또는 가상화폐의 기축통화 역할을 하는 비트코인이나 이더리움을 지급받는다.

스타트업에 유리한 ICO

ICO와 IPO의 가장 큰 차이는 그 시기에 있는 것 같다. 창업 이후 상당기간 동안 영업활동을 한 이후에 진행되는 IPO와 달리, ICO는 사업에 대한 추상적인 구상만 가지고도 투자자 모집이 가능하다. IPO를 하려면 시간과 비용이 많이 들고, 법률 및 회계 자문에도 많은 노력을 기울여야 한다. 그래서 IPO는 신생 기업이 도전하기에 어려움이 있지만, ICO는 아이디어만으로 몇 달 만에 시도해볼 수 있다는 점에서 스타트업 측면에서는 유리하다.

블록체인 스타트업이 ICO를 하면 지분 구조를 자유롭게 형성할 수 있고 사업이 본격적으로 안정화되기 이전부터 사업을 대외적으로 알릴 수 있다. 그래서 전 세계적으로 ICO가 각광을 받고 있다. ICO를 시도하려는 스타트업은 비즈니스 모델 수립부터 플랫폼 개발까지 모두 혼자 하기는 어려우므로 각 분야 전문가들의 도움을 받아야 한다. 각종 커뮤니케이션을 담당할 인력도 필요할 뿐만 아니라 법률적, 회계적 자문도 많이 필요하기 때문이다.

사전 투자, 백서의 중요성

일반적인 스타트업이 투자를 받으려면 회사소개, 재무제표, 사업보고서, 사업계획서 등 회사의 재무정보와 사업계획을 상세히 소개하는 충실한 자료를 갖춰야 한다. 그러나 가상화폐 ICO에는 재단의 재무제표도, 사업보고서도 불필요하다. 가상화폐 투자 유치를 위해서는 오직 백서만 공개하면 된다. 백서는 가상화폐의 핵심 아이디어와 발행 재단에 관한 설명이 담긴 문서로 가상화폐 투자자들은 백서를 보고 투자 여부를 판단하게 된다.

백서에는 사업 체계와 그 기반이 되는 블록체인 기술, 개발자와 주요 인력들의 소개 등 가상화폐에 대한 전반적인 정보가 모두 담겨 있다. 가상화폐에 어떤 기술을 적용했는지, 개발자들은 어떤 철학으로 이 가상화폐를 만들었는지, 재단은 어떤 비전이 있는지 등의 내용을 백서에 담아낸다. 백서는 보통 인터넷에 공개되며, 상장 이후에는 거래소에서 쉽게 확인할 수 있다.

투자자는 백서를 잘 읽고 그 가상화폐에 대해 충분히 이해해야 한다. 그래야 어지간한 찌라시나 루머에 휘둘리지 않을 수 있다. 백서를 잘 읽으면 트렌드에 맞는, 트렌드를 예측하는 투자 또한 가능해진다.

문제는 ICO가 아직 제도적으로 정착되지 않아서 백서의 내용을 객관적으로 입증하기 어렵다는 것이다. 투자자는 백서가 주장하는 내용에 관해 스스로 판단해야 한다. 백서가 어떤 내용을 담고 있는지, 비트코인 백서를 참고하는 것도 좋은 방법이다. 비트코인 백서는 가상화폐 최초의 백서로, 백서의 기준이라 할 수 있기 때문이다.

비트코인 백서는 A4 용지 9장 분량의 소논문 형식으로 되어 있다. 백서의 제목은 〈비트코인: P2P 전자화폐 시스템(Bitcoin: A Peer-to-Peer Electronic Cash System)〉이다. 인터넷에 검색하면 영어로 된 원본(https://bitcoin.org/bitcoin.pdf)과 한국어 번역본을 확인할 수 있다(https://bitcoin.org/files/bitcoin-paper/bitcoin_ko.pdf)

스타트업을 위한 ICO 절차

지금부터 ICO 절차를 구체적으로 이해해보자. 무엇보다 가상화폐 스타트업을 꿈꾸는 창업자들에게 유용한 정보이겠지만, 가상화폐 투자자들도 그 과정을 이해하면 투자에 도움이 될 것이다.

(1) 아이디어 개발

스타트업은 아이디어가 우선이고 모든 사업 구상이 아이디어에서 시작된다. 이는 블록체인 기반의 스타트업에서도 마찬가지다. 자본금이 비즈니스 성패를 좌우한다고 하지만, 자본금이 부족해도 뛰어난 아이디어만 있다면 백서를 만들고 ICO를 통해 자금을 조달할 수 있다.

(2) 팀 구성

비즈니스는 사람이 하는 것이므로, 무엇보다 팀원의 역량과 팀워크가 중요하다. ICO를 준비하기에 앞서 사업에 필요한 핵심 역량을 고민하고, 그 역량을 갖춘 인재들을 핵심 팀원으로 영입해야 성공한다.

(3) 사업 기획

제공하고자 하는 가상화폐의 기능을 실현하기 위해 어떤 기술을 사용할지 구체화하는 사업 기획이 필요하다.

(4) 자문단 구성

ICO를 준비하는 단계에서 팀의 부족한 점을 보완하기 위해 자문단 구성이 필요하다. 전문가에게 자문을 받고 네트워킹에 도움을 받으면 시장에서 신뢰를 구축하는 데도 큰 힘이 된다. 자문단은 대중적으로 인기가 높은 인물보다 프로젝트에 실질적인 도움을 줄 수 있는 사람이 장기적으로 중요하다.

(5) 커뮤니티 마케팅

가상화폐 프로젝트를 지지하고 홍보해줄 커뮤니티를 장기적 관점에서 키워나갈 필요가 있다. 커뮤니티 마케팅을 위해 SNS 플랫폼은 좋은 수단이다. 팀은 커뮤니티 공간을 통해 사업을 소개하고, 비전과 제품 및 서비스를 공유할 수 있다. 커뮤니티 구성원들이 이후 프로젝트 후원자가 될 가능성이 높으므로 이 절차는 더욱 효과적이다.

(6) 백서 작성

백서에 담아낼 핵심 정보는 다음과 같다.

① 가상화폐의 기능 및 서비스에 대한 아이디어 소개

② 아이디어를 구현할 기술에 대한 설명

③ 아이디어와 이를 구현할 기술로 수익을 창출할 비즈니스 모델

④ 비즈니스 모델의 프로세스

⑤ 자금 모집을 위한 코인 발행 계획

⑥ 구체적인 ICO 일정 등

(7) 로드맵 발표

개발팀은 그들이 책임지고 실행할 수 있는 개발 계획 및 사업 일정을 수립해 커뮤니티 지지자들에게 공개한다.

(8) 법률 자문

ICO 및 회사의 구조를 설계할 변호사를 선임할 필요가 있다. ICO는 주로 스위스와 싱가포르 등지에서 이루어지는데, 관련 법규를 준수해야 하기 때문이다. ICO가 준수해야 할 법률로는 AML(Anti Money Laundering, 자금세탁 방지), KYC(Know Your Customer, 고객의 투자 성향 파악) 등이 있다. 변호사를 미리 선임해 사전에 법률을 파악하고 체크리스트를 작성해 법적인 문제를 해결할 필요가 있다.

코린이를 위한 친절한 가상화폐 투자

(9) 세일즈 전략 수립

팀이 진행하는 비즈니스를 시장에 효과적으로 소개하고, 가상화폐 세일즈를 위한 전략을 수립한다. 개발 일정에 따라 가상화폐의 세일즈 가격을 달리함으로써 초기 시장에서 가상화폐를 많이 판매하고 시장의 관심과 지지를 받는 것이 핵심이다.

(10) 코드 공개 및 검증

가상화폐의 코드를 공개하고, 코드의 기술적 적합성에 대해 검증을 받는다. 기술적인 완전성을 검증받으려면 제삼자 기관의 평가를 받는 게 좋다.

(11) 가상화폐 사전판매(Pre ICO)

ICO를 하기 전에 비공개 사전판매를 통해 가상화폐 개발을 위한 자금을 확보할 수 있다. 가상화폐 사전판매를 할 때 비트코인이나 이더리움을 입금받은 후에 ICO를 거쳐 새로운 가상화폐를 분배해주는 것이 일반적이다.

(12) 사전판매 수익금 사용

사전판매에서 받은 비트코인이나 이더리움을 처분해 팀 운영을 위해 현금을 확보한다. 이 자금은 비즈니스 및 기술 구축에 사용한다.

(13) 프로토타입 공개 및 베타테스트

가상화폐의 프로토타입(prototype)을 공개하고, 가상화폐를 일반에 공개하기 전 베타테스트를 거쳐 버그 및 오류를 수정한다.

(14) ICO

가상화폐 상장 전 백서를 공개해 공개적으로 투자금을 조달한다. 모금 현황 및 실적을 투명하게 공개하는 것이 중요하다.

(15) 오퍼레이션

ICO가 최종 목표는 아니다. ICO 이후에 개발 진척 상황, 가상화폐 운영현황을 꾸준히 공개하고 투명하게 관리해야 한다. 오퍼레이션을 통해 커뮤니티에서 지지자들과의 신뢰를 쌓아가는 것이 필요하다.

가상화폐 재단 설립

법인 또는 재단을 설립하는 과정도 ICO 과정에서 이루어지는 경우가 일반적이다. 이때 어떤 국가의 법률 적용을 받는지에 따라 규제가 달라질 수 있으므로, 법인을 설립할 나라를 신중히 결정해야 한다. 이때 고려할 것은 가상화폐를 위한 ICO에 친화적인 나라인지, 세금 혜택이 있는지 등이다. 보통은 스위스, 싱가포르, 홍콩, 영국령 버진아일랜드, 케이만제도 맨섬 등을 선호한다.

> 가상화폐 재단은 해외에서 설립되는데 보통 스위스, 싱가포르, 홍콩, 영국령 버진아일랜드, 케이만제도 맨섬이 선호된다. ICO에서 가상화폐가 증권 관련 규제를 받지 않도록 설계하는 것이 중요하다.

대부분의 국가에서 금융감독 당국의 법규 준수를 의무화하고 있는데, 금융감독 당국은 기본적으로 KYC와 AML 법규를 통해 규제한다.

ICO 관련해 가장 조심해야 할 부분은 증권 관련 법규의 규제를 받지 않도록 하는 것이다. ICO에서 회사 주식을 분배한다면 증권 관련 법규의 규제를 받게 되므로 효율적인 자금 조달이 어려워질 것이다. 따라서 가상화폐를 설계할 때 ICO가 주식 교부 행위로 해석되지 않도록 각별히 주의해야 한다. 백서에도 가상화폐 및 ICO에 대해 명확하게 정의해 증권 관련 규제를 받지 않도록 해야 할 것이다.

ICO와 비슷한 IEO, IDO

IEO(Initial Exchange Offering)는 가상화폐 개발자가 자체적으로 진행하는 ICO를 가상화폐 거래소가 대행하는 것을 말한다. IDO(Initial DEX Offering)는 탈중앙화 거래소에서 진행하는 가상화폐 공개를 말한다. 탈중앙화 거래소를 덱스(DEX)라 하고 덱스에서 제공하는 금융 서비스를 디파이(DeFi: decentralized finance)라고 한다.

빗썸, 코인원, 업비트 같은 거래소는 중앙화된 거래소이며 탈중앙화 거래소는 운영 주체가 없이 블록체인상에서 운영된다. 덱스와 디파이 투자에 관해서는 4부를 참고하라.

IDO는 2020년부터 시작되었으나 당시엔 반응이 별로 없었고 2021년 들어 높은 관심을 받기 시작했다. 세계 최대 거래소인 바이낸스(Binance)가 선도적으로 BSCPAD라

> - IEO: 가상화폐 거래소가 개발자 대신 ICO를 대행해주는 서비스.
> - IDO: 탈중앙화 거래소(DEX)에서 진행하는 가상화폐 공개.

는 IDO 서비스를 론칭했고, 유니스왑(UNISWAP)도 상장 비용 절감과 새로운 종류의 코인을 배포하는 수단으로 IDO를 적극적으로 선택해 활용하고 있다.

투자자 입장에서 보면, IDO는 가상화폐 세일에 참여도 가능하고 스테이킹 서비스를 이용해 보상도 받을 수 있다는 장점이 있지만, 중개자와 관리자가 없어 투자자 스스로 리스크를 떠안아야 하고 스스로 관리해야 한다는 것은 단점이라 할 수 있다.

앞서 코인 투자 방법을 여러 가지로 살펴보았지만, 대개는 거래소를 통한 매매를 선택합니다. 따라서 이번 장에서는 가상화폐 거래소에 대해 공부하도록 하겠습니다. 거래소는 크게 중앙화된 거래소와 탈중앙화된 거래소로 나눕니다. 각각의 특징을 살펴보고, 어떤 거래소를 선택해야 좋을지 선택 기준에 대해서도 알아봅니다. 국내 4대 거래소라 일컫는 각 거래소의 특징을 분석해보았습니다. 거래량, 거래 속도, 수수료, 보안성 등 투자자 각자가 원하는 기준에 맞는 거래소를 선택할 수 있도록 했습니다. 이어서 가장 중요한 거래소 가입 절차를 자세히 설명했습니다. 회원가입 단계가 복잡하고 까다로워서 회원가입부터 다양한 인증 단계까지 자세히 이야기하고 있습니다. 이어서 거래소에서 입출금하고 매수 및 매도하는 방법도 살펴보고 있습니다.

6장

거래소 선택 기준과
가입 방법

중앙화 거래소, 탈중앙화 거래소

가상화폐 거래소란 투자자들이 코인을 거래할 수 있도록 기능을 제공하는 사업자라고 할 수 있다. 가상화폐 거래소는 가상자산을 매개로 송금, 디파이(DeFi) 금융, 스테이킹(staking) 서비스 등을 제공하고 코인의 매수, 매도가 이루어지는 경우 그에 따른 수수료 수익을 거둔다. 요컨대, 가상화폐 거래소는 특정 코인을 다른 코인과 거래하도록 하고 화폐를 코인으로, 코인을 다시 화폐로 바꾸는 기능을 제공한다.

> 가상화폐 거래소는 중앙화 거래소와 탈중앙화 거래소로 나눈다. 보통 거래소라고 하면 중앙화 거래소를 말하며 업비트, 코인원, 바이낸스 같은 업체들이 이에 해당한다. 탈중앙화된 거래소도 점점 늘어나는 추세다.

증권 거래소에서 투자자들이 자신의 이익을 극대화하기 위해 주식을 사고판다면, 가상화폐 거래소에서는 코인의 시세 차익을 얻기 위해서 매매를 한다. 가상화폐 거래소는 세계적으로 급증하는 추세인데 한국에는 업비트, 빗썸, 코인원, 코빗 등이 있고, 해외에는 바이낸스, 고팍스 등이 대형 거래소이다. 국내 거래소에 대해서는 뒤에서 자세히 알아본다.

거래소라 하면 보통은 중앙 관리자가 있는 중앙화 거래소(centralized exchange)를 뜻한다. 앞서 언급한 업비트, 빗썸, 바이낸스 같은 곳이 모두 중앙화 거래소다. 그렇다면 중앙화 거래소 없이 코인 거래는 불가능한 것일까? 결론부터 말하자면, 그렇지 않다. 블록체인상에서 P2P로 거래하는 방법이 있다.

블록체인상에서 P2P 거래를 주선하는 거래소를 탈중앙화 거래소 혹은 분산형 거래소라 하며 영문 약칭으로 덱스(DEX: decentralized exchange)라고도 한다. 덱스에서 제공하는 금융 서비스를 디파이(DeFi: decentralized finance)라고 한다. 코인마켓캡은 덱스 거래소들을 순위별로 나열하고 있고 각 거래소로 이동할 수 있는 서비스를 제공한다(https://coinmarketcap.com/ko/rankings/exchanges/dex/).

덱스와 디파이 금융에 대해서는 4부에서 자세히 알아보자.

기본적으로 가상화폐는 탈중앙화된 P2P 구조를 띠는 만큼, 중앙화 거래소는 오히려 비효율적인 장치라는 지적도 있다. 그러나 중앙화 거래소를 통해 다양한 가격 정보와 코인 관련 정보가 공시 및 유통됨으로써 코인 시장이 좀 더 효율적으로 형성되는 것은 사실이다. 중앙화 거래소는 정부 당국의 승인을 받아야 하는 만큼, 이 거래소를 이용하면 투자자도 어느 정도 법의 보호를 받을 수 있다.

거래소 얼마나 믿을 수 있을까?

중앙화 거래소는 거래소 회원들을 상대로 엄격한 KYC(투자자 성향 파악) 인증을 하고 있다. 중앙화 거래소는 회원가입 절차가 비교적 까다로운데 엄격한 관리를 통해 불법 자금의 유통을 차단하거나 추적하는 기능을 하기 위함이다. 중앙화 거래소는 회원들에게 코인 관련 정보를 제공하고 코인이 집합되는 플랫폼 역할을 하면서 시장으로서의 기능을 수행하고 있다.

중앙화 거래소의 역기능도 있다. 거래소의 주 수입원은 거래 수수료이므로 아무 가치가 없거나 사기성이 농후한 코인을 상장시켜 투자자들의 손실이 발생하는 사례도 드물지 않다. 그런 이유로 상장 수수료를 받는 가상자산 거래소 가운데는 부실한 검증으로 논란을 겪는 사례도 있었다. 다만, 2021년 개정된 특금법(특정 금융거래 정보의 보고 및 이용 등에 관한 법률)에 따라 불법적인 거래소는 어느 정도 정리되고 건전한 거래소만 운영되어 차츰 정상적인 가상화폐 시장이 형성될 것으로 전망하고 있다.

국내 메이저 거래소의 경우에는 운영을 중단하거나 투자자들에게 큰 피해를 일으킬 것으로 보이지는 않지만, 이 문제와 관련해 투자자 입장에서는 불안한 게 사실이다. 다만, 국내의 특금법이 개정된 2021년 9월 이후 가상화폐 이용자 보호는 좀 더 강화된 것이 사실이다. 특금법 개정에 따라 거래소들은 금융당국에 실명 확인 입출금 계정, 정보 보호 관리 체계 인증 등 신고 요건을 갖추어야 하는데 그런 과정을 거쳐 투자자들의 보호 장치는 더욱 두터워질 것이다.

2021년 12월 기준으로 총 14개 가상자산 사업자가 신고 수리되었는데 그중 가상자산 사업자 자격을 획득한 업체가 총 12곳, 가상자산 수탁업자가 2곳이다. 이로써 가상자산 사업자는 업비트, 빗썸, 코인원, 코빗 등 4대 거래소에 지닥, 플라이빗, 고팍스, 비둘기지갑, 프로비트, 포블게이트, 후

중앙화 거래소는 까다로운 회원 인증 단계를 통해 투자자 보호를 강화하고 있다. 국내 가상자산 사업자(거래소)로 신고 수리된 곳은 총 14개 업체고 그중 4개 업체를 메이저 거래소라 한다.

오비코리아, 코어닥스 등 기존 6곳의 코인마켓 사업자와 이번에 신고 수리된 후오비코리아, 코어닥스 2곳이 포함되었다. 여기에 한국디지털에셋(KODA)과 한국디지털자산수탁(KDAC) 가상자산 수탁업자도 처음으로 가상자산 수탁업자로 자격을 얻었다.

국내 거래소들은 비교적 투명하게 운영되고 있고 특히 메이저 거래소는

[그림 6-1] 가상화폐 거래소 재무제표 확인

자체적으로도 투명한 운영을 위해 많은 노력을 기울이고 있는 듯하다. 거래소의 비용 구조를 보면 수익은 현재 상승 구조에 있으며 고객의 자산을 돌려주지 못할 정도로 부실하지는 않다고 보인다. 이는 전자공시시스템(http://dart.fss.or.kr, 이하 다트)에 공시된 재무제표만 보더라도 쉽게 확인할 수 있다. 거래소가 망할까 봐 걱정된다면, 거래소마다 감사보고서 등을 조회해볼 수 있으니 찾아보기 바란다.

빗썸을 예로 들면, '다트'에서 빗썸홀딩스를 검색해서 2020년 말의 연결 감사보고서를 조회해볼 수 있다. 그중 빗썸의 연결 손익계산서를 보면 영업수익은 2천억 원이 넘고, 영업비용은 788억 원 정도인 것으로 보아 흑자를 내고 있음을 확인해볼 수 있다.

연결 재무상태표의 유동자산 중에 현금성 자산을 얼마나 보유하고 있는지는 안정성에서 가장 중요한 요소인데, 빗썸은 8,465억 원 정도의 현금성 자산을 보유함으로써 우려와는 달리 안전한 회사임을 알 수 있다. 일부 부실

[표 6-1] 빗썸홀딩스의 손익계산서

연 결 손 익 계 산 서
제 6(당) 기 2020년 01월 01일부터 2020년 12월 31일까지
제 5(전) 기 2019년 01월 01일부터 2019년 12월 31일까지

주식회사 빗썸홀딩스와 그 종속기업 (단위 : 원)

과 목	제 6(당) 기		제 5(전) 기	
I.영업수익		219,184,746,742		156,609,832,866
지분법이익	343,941,661		1,569,542,373	
상품매출	7,456,905		1,315,473,851	
수수료매출	214,134,650,386		142,601,184,255	
금융수익	138,491,533		10,433,632,387	
기타매출	4,560,206,257		690,000,000	
II.영업비용		78,823,151,144		80,474,668,603

※ 2019년 12월 31 ~ 2020년 12월 31일

코린이를 위한 친절한 가상화폐 투자

[표 6-2] 빗썸홀딩스의 유동자산 현황

연 결 재 무 상 태 표
제 6(당) 기 2020년 12월 31일 현재
제 5(전) 기 2019년 12월 31일 현재

주식회사 빗썸홀딩스와 그 종속기업 (단위 : 원)

과 목	제 6(당) 기		제 5(전) 기	
자 산				
I.유동자산		992,482,974,030		372,620,152,799
(1)당좌자산		992,311,490,011		372,531,222,857
현금및현금성자산(주석3)	846,579,712,157		260,356,077,412	
단기금융상품(주석3)	80,397,726,963		10,255,387,515	
매출채권	329,440,015		194,553,376	
단기대여금(주석21)	44,806,185,345		10,468,591,073	
대손충당금	(6,516,645,345)		(2,083,742,833)	
당기손익인식지정자산(주석5)	-		46,543,049,257	
미수회원예치금	700,900,123		701,011,726	
대손충당금	(671,252,493)		(671,252,493)	
미수금(주석21)	1,516,462,954		1,101,352,937	
대손충당금	(767,556,000)		(767,556,000)	
금융리스채권(주석11)	637,583,524		886,108,495	
미수수익	861,826,100		484,051,321	

※ 2019년 12월 31 ~ 2020년 12월 31일

한 거래소들은 고의로 폐업하고 도주할 우려도 있으므로 재무제표를 통해 안정성을 판단해볼 필요가 있다.

한국의 메이저 거래소들은 세계적으로 안전성을 인정받고 있다. 거래량과 회원 수가 충분히 많고 사업연수도 오래되었다. 사고도 있었으나 그때마다 모두 충분한 보상을 했다. 그런 데다 한국의 메이저 거래소들은 현금성 자산을 충분히 보유하고 있고, 회계감사를 받는 등 재무적으로도 건전한 편이다. 해킹 문제에 대해서는 거래소가 자체적으로 보안 수준을 높이고 있기 때문에 믿을 수 있다.

회사가 사라지면 코인도 사라질까?

주식의 경우 주식의 운명은 회사의 성과에 따라 결정된다. 주식회사가 망하면 그 회사가 발행한 주식은 당연히 휴지조각이 된다. 반면, 코인은 블록체인 생태계에서 시스템을 유지하기 위한 내부 비용 지불 수단으로 탄생된 자산이다. 게다가 블록체인은 전 세계적으로 연결된 노드에 존재하므로, 한번 만들어진 뒤에는 절대 사라지지 않는다. 따라서 블록체인의 유용성이 없어진다 해도 코인의 가치는 사라지지 않는다. 코인의 가치는 낮아질 수 있어도 코인 자체가 증발하는 것은 아니다.

> 코인의 개발 회사가 사라져도 한번 만들어진 코인은 사라지지 않고 블록체인상에 남는다. 코인의 가치가 낮아질 수는 있어도 사라지는 것은 아니다. 코인의 가치는 금의 가치처럼 생산자와 상관없이 존재 가치가 있기 때문이다.

코인은 처음부터 주인이 없다고들 한다. 그러나 그 가치는 존재한다. 채굴자가 누구인지 알지 못해도 시장에서 코인은 거래된다. 우리가 금의 가치를 믿고 금을 거래하는 것과 같은 이치다. 누가 어떤 광산에서 캐낸 금인지, 어느 나라에서 생산된 금인지 사람들은 알 수 없고 알려고도 하지 않는다. 퍼블릭 블록체인의 가장 큰 특징도 바로 그것이다.

퍼블릭(public) 블록체인이란 누구나 네트워크에 참여할 수 있는 개방형 블록체인을 말한다. 특정 조직의 승인 절차 없이 누구든지 PC와 스마트폰, 채굴기 등을 통해 블록체인 네트워크에 참여할 수 있다. 퍼블릭 블록체인에 참여하는 개인을 노드라고 한다. 비트코인, 이더리움, 모네로 등 우리가 잘 알고 있는 코인들이 퍼블릭 블록체인을 기반으로 한다.

코린이를 위한 친절한 가상화폐 투자

반대로 프라이빗(private) 블록체인은 허락된 소수만 참여할 수 있도록 설계된 개방되지 않은 블록체인을 말한다. 프라이빗 블록체인은 은행이나 공공기관에서 많이 사용한다. 퍼블릭 블록체인과 프라이빗 블록체인을 접목한 하이브리드(hybrid) 블록체인도 있다. 하이브리드 블록체인은 이용자 권한을 제한하면서도 투명성, 탈중앙화 같은 퍼블릭 블록체인의 장점을 담아내고자 탄생했다. 사물인터넷(IoT), 공공망 등에서 하이브리드 블록체인이 사용되며 그 플랫폼으로는 더블체인(double chain), 컨소시움 블록체인(consortium blockchain), 인터체인(interchain) 등이 있다.

프라이빗 블록체인을 기반으로 한 코인의 경우, 코인 개발 회사가 망하면 코인의 가치도 거의 없어지겠지만, 그런 점에서는 퍼블릭 블록체인도 크게 다르지 않다.

주식시장과 달리 코인 시장에서 개발 회사가 망하는 것보다 더 큰 문제는 처음부터 아무런 가치가 없는 코인이 유통되는 것이라 할 수 있다. 어떤 이유에서든 코인을 발행했으나 그 프로젝트의 비전과 미션이 실질적인 활동으로 이어지지 않는 경우가 더

> 블록체인은 크게 퍼블릭, 프라이빗, 하이브리드 세 가지 유형으로 구분된다. 퍼블릭 블록체인은 불특정 다수가 참여할 수 있는 개방형이며, 프라이빗 블록체인은 이용자가 제한된 비개방형이다. 하이브리드 블록체인은 퍼블릭과 프라이빗을 접목한 형태다.

큰 문제라는 말이다. 이를 자금 모집 단계에서부터 알면서 코인을 발행하는 행위는 사실상 사기이다.

그래서 코인 투자자들은 해당 코인의 프로젝트를 꼼꼼하게 검토해야 한다. 대부분 눈에 보이지 않는 블록체인 프로젝트를 기반으로 코인을 발행해 투자자들을 끌어모으기 때문에 잘못하면 낭패를 보기 쉽다.

2021년 개정된 특금법에 따라 사기성 코인은 어느 정도 걸러지겠지만, 유사수신 행위로 투자자들을 모집해 그 자금을 횡령하는 일은 계속해서 일어날 것이다. 철저하게 알아보고 투자하지 않으면 내 돈을 고스란히 날릴 수 있고 범죄자로부터 보상을 받지 못하는 경우가 발생할 수도 있기 때문에 조심해야 한다.

코인 자동매매 괜찮을까?

코인을 자동매매한다는 것은 특정 매매 순간에 거래 가격을 지정하는 것이 아니고 사전에 지정한 가격에 자동으로 매매가 일어나도록 하는 것을 의미한다. 주식에서 자동 거래 체결 기능과 같다고 보면 된다. 코인 자동매매로는 두 가지 방법이 있다.

> 코인 자동매매란 미리 저가선과 고가선을 설정해두고 설정된 가격에 이르면 자동으로 매수 및 매도가 이루어지는 기능이다. 거래소에서 제공하는 서비스도 있고 자동매매 프로그램도 있다.

첫째, 거래소 기능 중 거래 가격선을 미리 설정해두는 기능을 활용한 자동매매이다. 핵심은 매수하고 싶은 저가선과 매도하고 싶은 고가선을 미리 설정해두는 것이다. 설정해둔 저가선 또는 고가선에 가격이 이르면 자동으로 매수와 매도가 일어나게 된다. 이 기능의 장점은 다른 일을 하면서도 원하는 가격에 코인을 매매할 수 있다는 것이다. 종일 차트를 들여다보아야 직성이 풀리는 사람에게는 잘 안 맞는 기능일 수 있다.

둘째, 자동매매 프로그램을 이용하는 방법이 있다. 네이버나 구글에서 '자

[그림 6-2] 빗썸 자동매매 제휴서비스

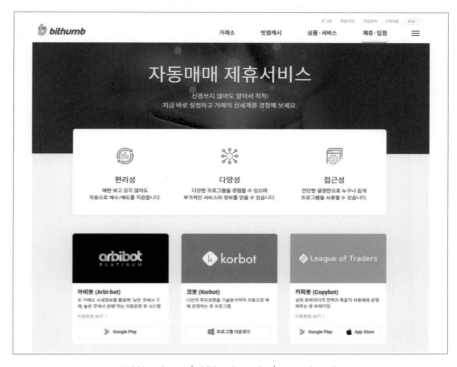

※ bithumb.com/additional_service/automatic_sale

동매매 봇'을 입력하면, 코인 자동매매 서비스를 제공하겠다는 업체가 많이 나온다. 자동매매 봇이란 일종의 AI 차익 거래와 비슷한 기능을 한다. 이런 프로그램을 개발해 판매하는 업체도 있고 회원제로 일정한 수수료를 받고 대행하는 곳도 있다.

빗썸은 아비봇(Arbi-bot), 코봇(Korbot), 카피봇(Copybot), 헌터봇(Hunterbot) 같은 자동매매 봇을 통해 자동매매 제휴서비스를 제공하고 있다.

02 가상화폐 거래소 선택 기준은?

국내 4대 거래소

국내의 대표적인 가상화폐 거래소를 꼽으면 업비트, 빗썸, 코인원, 코빗 네 가지를 들 수 있다. 이들을 4대 메이저 거래소라고 한다. 그 외의 거래소를 마이너 거래소로 분류하는데, 메이저와 마이너를 구분하는 기준은 이용자의 수와 거래 규모다. 따라서 첫 거래를 시작하려는 코린이라면 4대 거래소 중에 선택하는 게 좋다.

업비트

그중 첫 번째 업비트(UPbit)부터 살펴보자. 업비트는 증권플러스(구 카카오스탁)의 두나무가 운영하는 가상화폐 거래소다. 2017년 10월 오픈베타 테스트를 거쳐 거래소를 오픈한 이후 2021년에는 거래량 기준 국내 1위를 기

[그림 6-3] 업비트 초기 화면

※ https://upbit.com/home

록했다. 서비스 정식 론칭과 함께 비트렉스(Bittrex)의 제휴 관계로서 주요 마켓 코인들(BTC, ETH, USDT)의 거래량을 공유하고 있다. 자체 원화 마켓의 거래량이 비트렉스와 별도로 코인마켓캡(coinmarketcap.com)에 리스팅되었고, 2018년도에는 원화 마켓 거래량만으로 세계 1위를 달성하기도 했다. 업비트에 가입하려면 카카오 계정과 케이뱅크 계좌가 필요하다.

빗썸

빗썸(Bithumb)은 한때 세계 1위 거래량을 자랑하기도 한 거래소였으나, 후발주자인 업비트에 현재 다소 밀리고 있는 양상이다. 빗썸은 2014년 1월 운

[그림 6-4] 빗썸 초기 화면

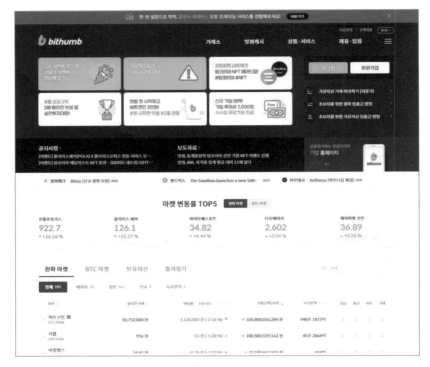

※ https://www.bithumb.com/

영을 시작한 1세대 가상화폐 거래소다. 외국인을 대상으로 하는 빗썸 글로 벌을 분리하고도 국내 거래량만으로 전 세계 거래 총액 20위 내를 유지하고 있다. 빗썸에 가입하려면 농협은행 계좌가 필요하다.

코인원

코인원(Coinone)은 우수한 유저 인터페이스, 활동성이 뛰어난 차트, 실시간 채팅 등 다양한 기능을 가진 가상화폐 거래소다. 2014년 8월 오픈했다. 보안

[그림 6-5] 코인원 초기 화면

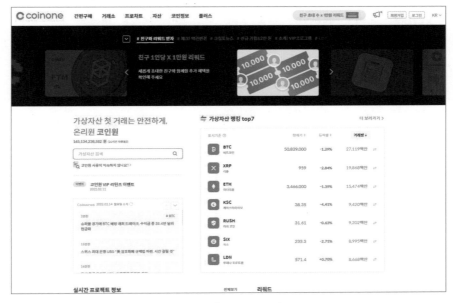

※ https://coinone.co.kr/

에 대한 신뢰도를 강조함으로써 도약을 노리고 있다. 실명 계좌를 받은 거래소 중 유일하게 마진 거래를 지원한 바 있다. 코인원에 가입하려면 농협은행 실명 계좌가 필요하다.

코빗

코빗(Korbit)은 대한민국 최초의 가상화폐 거래소로 2013년 설립되었다. 설립 당시 이름은 한국비트코인거래소였다. 국내 4대 거래소로 언급되고는 있으나, 유저 인터페이스가 불편하고 상장된 코인의 수가 적다는 단점이 있다. 신한은행 실명 계좌로만 거래가 가능하다.

[그림 6-6] 코빗 초기 화면

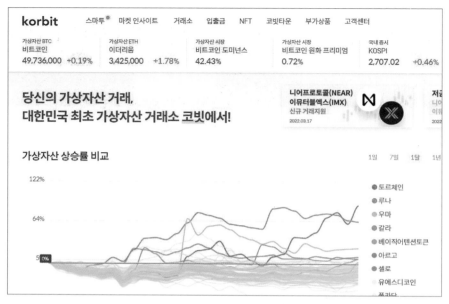

※ https://www.korbit.co.kr/

4대 거래소 특징

가상화폐 거래소를 선택할 때 기준은 보안, 거래량, 종목 수, 수수료 이 네 가지를 보는 것이 좋다. 빗썸은 거래량이 가장 많고 업비트는 저렴한 수수료가 장점이다. 코인원은 보안성을, 코빗은 안정성 및 균형을 자랑한다.

가상화폐 시장은 차트를 사용한 기술적 분석이 가능하고 투자를 통해 수익을 창출한다는 점에서 주식시장과 비슷하다. 다만, 가상화폐 시장은 거래소를 통해 가상화폐와 원화가 바로 교환되고 가상화폐끼리 맞교환이 이루어지는 구조라는 점에서 주식시장

코린이를 위한 친절한 가상화폐 투자

과 차이가 있다. 가상화폐가 24시간 동안 거래가 가능한 점, 아직 시장의 규제가 느슨한 편이라는 점은 주식시장과 큰 차이점이다. 이 점을 숙지하고 가상화폐 거래소를 선택할 필요가 있다.

가상화폐 거래소 선택 기준은 보통 다음 4가지로 볼 수 있다.

① 보안이 안전한가?
② 거래량이 매매가 원활할 정도로 충분한가?
③ 종목 수가 충분한가?
④ 수수료가 적당한가?

빗썸

'빗썸'은 보안성, 서버 상태 및 서비스 품질과 관련된 이슈가 있다. 안정적인 거래를 원하는 고객은 이 점을 유의할 필요가 있다. 빗썸의 정상 수수료는 0.15%이지만, 수수료 쿠폰으로 0.01~0.075%(5만 원~250만 원) 선에서 할인받을 수 있다. 사이트 내에서 상품권을 매입하기도 하며, 가상화폐를 받고 상품권을 판매하기도 하는 점은 특이하다. 국내에서 거래량이 가장 많으며, 많은 종목을 취급하므로 빠르고 쉬운 매매를 원하는 고객들에게 적합하다고 볼 수 있다.

업비트

업비트는 깔끔한 인터페이스로 사용하기 편리하다고들 한다. 다양한 종류의 코인을 다루며 수수료가 가장 저렴한 것이 장점이라는 평이다. 다만, 코인을 지급하는 에어드롭 이벤트가 빗썸에 비해 적은 편이고, 일일 출금 한도가 다른 거래소에 비해 낮다는 것은 아쉬운 점이라 할 수 있다. 따라서 업비트는 저렴한 수수료로 빠른 매매를 원하는 고객들에게 적합하다고 볼 수 있다.

코인원

코인원은 국내 거래량 2위에 해당하는 거래소다. 화이트 해커 출신이 설립한 회사로 보안성을 자랑한다. 다른 메이저 거래소들이 해킹을 당하는 동안에도 7년 연속 무사고라는 기록을 세웠다고 자평하고 있다. 다만, 가격 폭등 또는 폭락 시 서버다운 현상이 빈번하다는 평가도 있다. 비교적 많은 종목을 취급하고 있고 거래액에 따라 차등 수수료가 적용되는 점은 유의할 필요가 있다. 매주 월요일마다 가상화폐 시장에 대한 코인 클립을 공유해주고 있다. 코인원은 넓은 투자폭 대신 안정적이고 지속적인 거래를 원하는 고객들에게 적합하다고 볼 수 있다.

코빗

코빗은 SK플래닛과 제휴해 만든 가상화폐 거래소이다. 보안성과 서버 안정성이 높은 편이지만, 비트코인 거래량은 약 하루 250억 원 정도에 불과해 코인원이나 빗썸에 비해 적은 편이다. 거래 대금에 따라 0~0.2%의 수수료를 차등 적용한다. 모든 평가 요소에서 코빗은 중간 이상을 보여준다. 안정적이고 균형적인 거래를 원하는 고객들에게 적합하다고 볼 수 있다.

코린이를 위한 친절한 가상화폐 투자

03 ▶ 가상화폐 거래소 가입하기

회원가입 및 로그인하기

국내에 다양한 거래소들이 있지만 유저 인터페이스가 가장 무난하고 사용 기능이 좋다고 알려진 '코인원'을 중심으로 가상화폐 거래소 이용 방법에 대해 소개해보겠다.

　우선, 거래소 회원가입부터 시작하자(그림 6-7 참조). 코인원 사이트(coinone. co.kr)에 접속해 회원가입 버튼을 클릭한다. 약관 동의 화면이 나오면 동의에 체크한다. 이용 약관 및 개인정보처리 방침, 암호화폐 위험 고지와 입출금 관련 안내 사항을 확인한 후 모두 체크해야 한다.

　이어서, 개인정보 입력 페이지가 나오면 빈칸을 채운다. 이메일은 아이디로 사용되며 실제 이용하는 메일 주소를 입력한다. 비밀번호 설정과 캡챠(CAPTCHA) 인증을 통해 가입 신청이 완료된다.

[그림 6-7] 거래소 회원가입 절차

① 회원가입 버튼 클릭

② 약관 동의

③ 개인정보 입력 & 비밀번호 설정

　코린이를 위한 친절한 가상화폐 투자

④ 이메일 인증

다음으로, 이메일 인증을 거쳐야 한다. 인증 메일이 발송되었다는 화면이 떴다면, 가입 신청 완료 시 입력한 이메일로 인증 메일이 전송되었을 것이다. 인증 메일을 확인한 후 [그림 6-7-④]와 같이 '이메일 인증하기' 버튼을 클릭하면 회원가입이 완료된다.

회원 인증 절차 밟기

회원가입이 완료되었다면 본격적으로 코인 거래를 할 수 있는데, 이를 위해서는 또다시 인증 절차를 거쳐야 한다(그림 6-8 참조). 인증 단계 페이지에 접속해 코인원 거래소를 이용하기 위한 인증을 진행하는데 구체적으로는 다음과 같다.

[그림 6-8] 거래소 회원 인증 절차

① 마이페이지 > 인증단계

② 휴대폰 인증

① 거래소를 이용하기 위해 인증을 진행하며 ② 로그인 후 [마이페이지]에서 [인증단계]를 차례로 클릭한다. ③ 또는 [1단계 인증하기]를 클릭해도 된다.

그다음 단계로 휴대폰 인증을 거쳐야 한다. 휴대폰 인증 영역에서 [인증하기]를 클릭하고, 통신사 화면이 나오면 통신사를 선택한다. 통신사 선택이 끝나면 개인정보를 입력한다. 개인정보 입력 후 확인을 버튼을 클릭하고 인증번호를 입력한 후 확인 버튼을 누르면 인증이 완료된다.

거래 계좌 인증

회원 인증 완료 후에는 은행 계좌 인증을 거쳐야 한다(그림 6-9 참조). 원화

코린이를 위한 친절한 가상화폐 투자

입출금을 위해서는 계좌 인증이 필수이다. 코인원은 NH농협 계좌만 등록이 가능하다.

계좌 인증을 위해서는 ① [은행 계좌 인증] 영역을 클릭하고 ② [인증하기] 버튼을 클릭한다. 그럼 ARS 인증 요청 페이지가 뜰 것이다.

ARS 전화 인증의 경우 계좌 인증을 위해 진행하는 절차이다. ③ [ARS 인증 요청] 버튼을 클릭한 후 화면에 표기된 번호를 ARS 전화가 오면 휴대폰에 입력한다. [ARS 인증 요청]을 클릭하면 2자리 숫자가 나타난다. 그러면 ARS 수신 후 2자리 숫자를 휴대폰 키패드로 입력하면 된다.

이어서 거주지를 입력하는 단계가 나온다. 실거주지 정보를 입력한 뒤 [다음 〉] 버튼을 클릭한다. 그다음으로는 계좌 정보를 입력하는 단계가 나온다. 휴대폰 인증을 완료한 실명과 동일한 명의의 계좌 정보를 입력한 뒤에 [계좌 등록 완료] 버튼을 클릭하면 계좌 인증이 완료된다.

[그림 6-9] 거래소 계좌 인증

① 은행 계좌 인증

② 거주자 정보 입력

OTP 인증

코인원은 안전한 거래를 위해 OTP 사용을 권장하고 있다. OTP 사용은 필수는 아니고 선택 사항이다. OTP 사용을 원하는 경우 ① [OTP 인증] 영역을 클릭하고 ② [인증하기]를 클릭한다. ③ OTP 앱을 다운로드하고 앱 등록을 해야 한다.

OTP 인증 앱을 다운받은 뒤 앱을 실행한다. 이 과정을 컴퓨터에서 진행할 경우 앱에서 [바코드 스캔]을 선택하고, 화면의 QR코드를 촬영해 코드를 생성한다. 이후 휴대폰에서 진행할 경우 화면의 비밀키를 복사한 후, 앱에서 [직접 입력]을 통해 코드를 생성한다. 그다음으로 ARS, OTP 인증번호를 입력하는 과정을 거친다.

ARS 인증을 위해서는 ① [인증 요청] 버튼을 클릭한 뒤 문자로 전송된 6자리 숫자를 입력한다. OTP 앱에서 표시되는 6자리 인증번호를 입력한 뒤에 입력한다. 두 가지 인증번호를 모두 입력한 후 활성화된 ② [OTP 활성화] 버튼을 클릭한다.

OTP 인증이 완료되면 복구코드가 나온다. 복구코드는 보안상의 이유로 인터넷으로 접속이 쉬운 공간에 절대로 보관하면 안 된다. 별도로 안전하게 보관해야 해킹의 위협으로부터 안전할 수 있다.

[그림 6-10] OTP 인증

① OTP 인증 클릭

② OTP 인증 앱 설치

③ 인증번호 입력

④ 인증 완료

거래소에서
입금 및 출금하기

원화 입금과 출금

휴대폰 인증과 은행 계좌 인증을 마쳤다면 원화(KRW) 입금과 출금을 할수 있다. 원화 입금은 다음 단계로 진행할 수 있다.

① 자산 〉 입출금 페이지로 접속한다. 코인 목록에서 '원화(KRW)'를 선택한다. 이후 '입금'을 선택한다.

② '입금전용 가상계좌'를 발급받으면 정상적으로 원화 입출금을 이용할수 있다. 은행 계좌가 인증된 NH농협 실명 계좌에서 발급받은 입금전용 가상계좌로 입금해야 원화가 충전된다.

이때, 주의할 사항이 있다. 농협중앙회를 통해 발급받은 실명 계좌만 등록가능하고 지역 단위의 농협·축협은행은 등록할 수 없다. NH농협은행의 인

[그림 6-11] 거래소 원화 입금

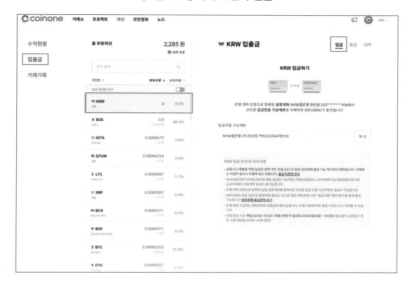

터넷 또는 모바일 뱅킹 입금만 가능하며, 창구 입금이나 ATM에서는 가상계좌 입금이 불가하다. 토스, 카카오페이 등 송금 전용 앱을 이용한 입금은 처리되지 않는다.

원화 출금은 다음 단계로 진행된다.

① 자산 〉 입출금 페이지로 접속해 코인 목록에서 '원화(KRW)'를 선택한다. 이후 '출금'을 선택한다.

② 원하는 출금액을 입력한 후 [다음] 버튼을 선택한다.

원화 출금은 1회에 최대 1억 원까지 가능하며 최소 출금액은 5천 원이다.

[그림 6-12] 거래소 원화 출금

가상자산 입금과 출금

다음으로 가상자산을 입출금하는 방법에 대해 알아보자. 코인원에서 가상자산을 입금하려면 다음 단계를 거친다.

① 자산 〉 입출금 페이지에 접속해 원하는 코인을 선택한 후 '입금'을 클릭한다.

② 원하는 코인이 첫 입금이라면, 해당 코인에 대한 코인원 입금주소를 먼저 발급받아야 한다.

③ 코인원에서 발급받은 가상자산 주소를 복사해 출금을 진행하는 타 거래소/지갑 사이트에 들어가 붙여넣은 다음 출금을 진행하면 코인원으로 입금이 완료된다.

[그림 6-13] 거래소 가상자산 입금(예: 비트코인)

① 비트코인 입금 주소 발급

② 입금 주소 복사

이어서 가상자산 출금 절차에 대해 알아보자. 출금을 진행하기 전, 주의할 사항이 있다.

코인원에서 가상자산을 처음 출금하는 경우, 원화 입금 직후 72시간(3일) 동안은 출금이 불가능하다. 72시간 이후부터 PASS 앱에서 본인 인증을 통해 출금 해제를 진행할 수 있다. 가상자산 첫 출금 시 출금 제한 해제를 위한 본인 인증은 '비대면 영상통화 방식'으로 이루어지며, 첫 출금 시 단 1회만 진행된다.

[표 6-3] 원화 입금 이력에 따른 가상자산 첫 출금 정책(코인원)

원화 입금 이력 있음		원화 입금 이력 없음
1단계	2단계	
72시간(3일) 가상자산 출금 제한 (원화 출금은 가능)	코인원 PASS앱 출금 해제 (72시간 이후부터 신청 가능)	주소 발급 후 코인 출금 가능

가상자산 출금은 다음 단계로 진행된다.

① 자산 〉 입출금 페이지로 접속해 목록에서 원하는 코인을 선택한 후 '출금' 버튼을 클릭한다.

② 원하는 출금 수량을 입력한 뒤 입금받을 지갑 주소를 입력 또는 복사/붙여넣기 하고, [다음] 버튼을 클릭한다.

③ 가상자산별 주의사항이 다를 수 있으므로 [다음] 버튼을 클릭하기 전에 주의 깊게 읽어야 한다.

④ SMS 인증 또는 OTP 인증을 완료하면 가상자산을 출금할 수 있다.

[그림 6-14] 거래소 가상자산 출금(예: 비트코인)

① 출금 수량 입력, 입금받을 지갑 주소 입력

② SMS 인증 또는 OTP 인증 완료

주문창과 호가창을 통한 주문

코인을 주문하는 방법으로는 크게 두 가지가 있는데, ① [주문창]에서 수량 및 가격을 직접 입력하는 방법 ② [호가창]을 이용하는 방법이다. [호가창]을 이용할 때는 [가격]과 [수량]을 클릭하면 주문창에 자동 입력된다.

두 가지 방식 모두 수량과 가격을 직접 결정해 주문하는 지정가 주문 방식에 해당한다. 기존 매물을 즉시 주문할 수도 있고, 유리한 가격을 지정해 주문을 예약할 수도 있다. 코인원의 호가창은 편의를 위해 주식 거래 호가창과 유사한 형태로 되어 있다.

현재가와 다른 가격으로 매수 및 매도 주문을 신청하면 이 주문은 체결되지 않고 미체결 상태로 유지된다. 다시 말해 미체결 주문은 호가창의 매도, 매수 영역에 해당한다.

코린이를 위한 친절한 가상화폐 투자

[그림 6-15] 코인 주문하기

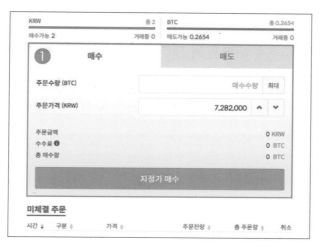

① 주문창에 직접 입력

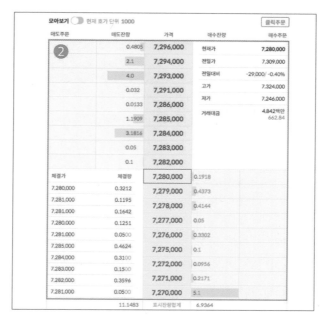

② 호가창을 이용하는 방법

코인 매매 따라 하기

시뮬레이션을 통해 코인 매수 및 매도를 체험해보자. 먼저 코인을 매수하는 방법을 알아보자. 주문 수량과 가격을 입력한 다음 지정가 매수를 클릭한다. 매수 주문은 다양한 가격대에서 신청할 수 있다. 어떤 가격대에 매수하는지에 따라 즉시 체결될 수도 있고, 체결되지 않을 수도 있다.

[그림 6-16] 코인 매수

코인을 매도하려면, 주문 수량과 가격을 입력하고 '지정가 매도'를 클릭한다. 매도 주문도 다양한 가격대에서 신청할 수 있다. 어떤 가격대에 매도하는지에 따라 즉시 체결될 수도 있고, 미체결될 수도 있다.

코린이를 위한 친절한 가상화폐 투자

[그림 6-17] 코인 매도

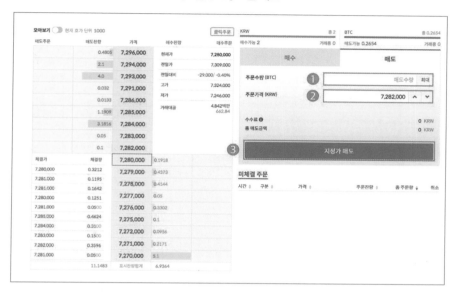

손쉽게 거래를 체결하는 '클릭 주문'도 있다. '호가창' 거래 화면에서 '클릭 주문'을 선택하는 방법이다. 클릭 주문 역시 수량과 가격을 결정하는 지정가 주문 방식을 이용하기 때문에 클릭 주문 옆 '주문 수량'과 유형을 결정하고 각 주문 신청 영역을 클릭하면 바로 거래가 이루어진다.

[그림 6-18] '클릭 주문'으로 손쉬운 코인 거래

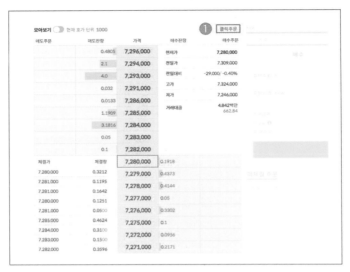

① 클릭 주문 1

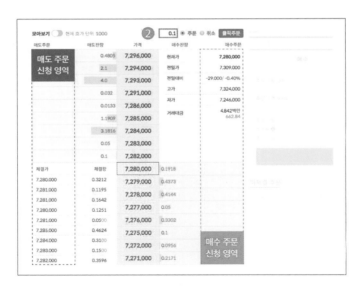

② 클릭 주문 2

만약, 주문이 잘못 들어갔다면 이를 취소할 수도 있다. 클릭 주문을 취소하려면 주문 유형을 '주문'에서 '취소'로 변경한다. '미체결 주문'에서 취소하거나 호가창에 현재 있는 주문을 직접 클릭하면 된다.

참고로 비트코인 주문 수량 최소 단위는 0.0001이다. 최소 주문 단위는 가상화폐마다 다르며, 화폐별 거래 페이지 그래프 상단에서 확인이 가능하다.

[그림 6-19] 클릭 주문 취소하기

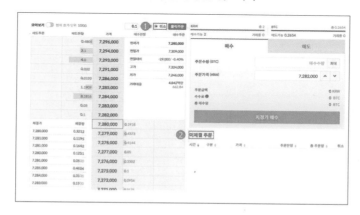

Ⓑ ───

가상화폐 시장은 급격히 성장하고 있습니다. 국내 시장은 법적 규제가 비교적 많은 편이지만 가상화폐의 전 세계적인 열풍은 거스를 수 없는 흐름인 것 같습니다. 가상화폐의 역사가 짧다 보니, 부동산이나 주식처럼 코인의 가치를 객관화할 수 있는 지표가 드문 것이 사실입니다. 이번 장에서는 가상화폐의 가치를 최대한 객관적으로 따져볼 수 있는 다양한 방법을 소개하고 있습니다. 가상화폐의 거래량과 시가총액 등 기본 정보를 볼 수 있는 유용한 사이트들을 소개하고 있고, 투자의 기준이 될 코인의 기능과 내재가치 투자에 대해서도 이야기하고 있습니다. 이더스캔, 쟁글 등 유용한 사이트를 활용하는 방법과, 김치 프리미엄에 대해서도 소개하고 있습니다.

───

7장

코인 투자,
종목 선정의 지름길

종목 선정의
기준

가상화폐의 객관적 가치

블록체인과 가상화폐는 급격하게 성장하고 있는 새로운 시장이다. 가상화폐 및 거기서 파생되는 상품의 종류도 빠르게 증가하고 있다. 이런 변화는 점점 더 가속화되고 두드러질 것으로 본다. 가상화폐의 발달은 거스를 수 없는 물결인 것 같다.

2021년 6월 29일 현재 가상화폐의 종류는 10,697개, 가상화폐 거래소는 380개로 확인된다. 2020년 초까지만 해도 가상화폐가 총 5,000종이 안 되었는데, 1년 만에 두 배나 증가한 것이다. 개발자들은 새로운 기능을 가진 가상화폐를 지속적으로 개발하고 있고 하루에도 몇 개씩 새로운 코인이 시장에 등장한다. 그중에는 성장성이 우수한 좋은 코인도 있지만, 아무도 관심을 가지지 않는 블랙 코인도 있는 게 현실이다. 좋은 코인을 가려낼 줄 아는 눈이 더욱 필요해진 이유이다.

어떻게 좋은 가상화폐라고 말할 수 있을까? 주식의 경우 기업 전체의 가치평가액에서 부채를 차감하면 자기자본이 산출되고, 자기자본을 주식 수로 나누면 대략 주식의 주당 가치를 계산해볼 수 있다. 물론, 이 계산이 쉬운 것은 아니고 재무제표를 읽을 수 있다는 전제하에 속산해볼 수 있다는 이야기이다. 부동산도 마찬가지로 공시지가가 있어서 일정한 요인의 비교치를 대입해 대략적인 가치를 상정해볼 수 있다. 이 과정을 감정평가 용어로 탁상감정평가라고 한다.

그러나 가상화폐는 안타깝게도 주식이나 부동산처럼 투자의 기준이 명확하지 않다. 그렇기에 더더욱 투자에 성공하려면 자기만의 투자 기준을 세우고 좀 더 철저하게 검증된 가상화폐에 투자할 필요가 있다.

전 세계 수많은 가상화폐 중에는 투자 가치가 높고 커뮤니티 관리도 잘되는 가상화폐가 있는 반면, ICO를 통해 투자자에게 자금을 끌어모은 후 사라지는 경우도 있다. 가상화폐의 가치가 저평가 혹은 고평가되었

> 거래소에 상장된 가상화폐는 2021년 6월 기준 10,697개로 전년도에 비해 2배 이상 급증했다. 그러나 가상화폐의 가치를 측정하는 투자 기준은 부동산이나 주식에 비해 명확하지 않다.

는지 확인할 수 있는 객관적인 기준이 있다면, 비교적 안심하고 가상화폐에 투자할 수 있을 것이지만 현실은 그렇지 못하다. 그럼에도 투자의 기준은 필요하다.

가상화폐 투자의 기준이 되는 것은 첫 번째 백서이다. 백서에서 설명하고 있는 가상화폐의 기술과 프로젝트의 비전, 개발자 그룹과 자문 그룹의 신뢰도, 법인의 지분 구조 등을 따져보고 투자를 결정한다.

시가총액과 거래량 – 코인마켓캡

가상화폐 투자를 고려할 때 코린이라면 가장 먼저 코인마켓캡을 기준으로 삼을 것을 추천한다(https://coinmarketcap.com/ko/). 코인마켓캡 사이트는 다양한 가상화폐들의 정보를 보기 쉽게 일목요연하게 정리하고 있다. 그중 가장 눈여겨볼 것이 시가총액과 거래량이다.

가상화폐 정보를 일목요연하게 확인할 수 있는 사이트 중에 코인마켓캡이 있다. 시가총액과 거래량을 기준으로 투자 대상을 선택하면 바람직하다.

코인마켓캡은 시가총액을 기준으로 가상화폐의 순위를 매기고 있다(그림 7-1 참조). 그중 상위에 랭크된 가상화폐를 우선 투자 대상으로 고려해보라. 시가총액과 더불어 거래량도 중요한 투자의 기준이 된다. 코인마켓캡은 가상화폐의 시가총액뿐만 아니라 거래량, 현재 가격, 유통 공급량 등도 제공하고 있다(그림 7-2 참조).

주식시장처럼 코인 시장에서도 거래량이 많고 시가총액이 높은 종목이 비교적 가치가 높다고 볼 수 있다. 거래량이 많다는 것은 시장 참가자들의 관심이 높고 가격 상승 가능성 또한 높다는 의미이기 때문이다. 시가총액이 높을수록 해당 가상화폐로 자금 유입이 많은 것이고, 그만큼 시장에서 해당 가상화폐에 큰 가치를 부여하고 있다는 뜻으로 해석할 수 있다.

[그림 7-1] 시가총액 상위 가상화폐 목록

※ 코인마켓캡(https://coinmarketcap.com/ko/)

[그림 7-2] 가상화폐별 현재 가격, 거래량, 공급량

※ 코인마켓캡(https://coinmarketcap.com/ko/)

와이스 레이팅스의 신용등급

신용평가기관 와이스 레이팅스(Weiss Ratings)는 업계 최초로 가상화폐 거래소에 상장된 가상화폐들의 신용등급을 자체적으로 평가하고 그 결과를 공개하고 있다. 와이스 레이팅스 웹사이트에 접속하면 이를 확인할 수 있다(그림 7-3 참조).

와이스 레이팅스 사이트에 접속해 상단의 가상화폐(Crypto)를 클릭하면 다양한 투자 지표를 볼 수 있다. 와이즈 50 가상화폐 인덱스(Weiss 50 Crypto Index)를 비롯해 여러 가지 투자 지표를 참고하라.

와이스 레이팅스 신용등급은 각 분야의 전문가를 통해 블록체인 기술, 비즈니스 실현 가능성, 시장성, 투자성, 투자 리스크를 종합 평가해 점수를 매긴

[그림 7-3] 신용평가기관 와이스 레이팅스

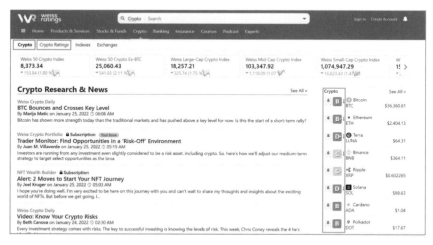

※ 와이스 레이팅스(https://weissratings.com/en/crypto)

코린이를 위한 친절한 가상화폐 투자

후에 산정된다. 가상화폐 투자를 고려한다면, 이 신용등급이 좋은 기준이 될 것이다.

> 와이스 레이팅스의 신용등급을 기준으로 가상화폐의 가치를 따져보면 좋은데, 가급적 A, B 등급 위주로 선택하는 것이 안전하다.

[그림 7-3]에서 상단의 Crypto Ratings를 클릭하면 코인의 각 항목마다 상위 랭킹을 확인할 수 있으며 이를 투자 기준으로 삼으면 도움이 될 것이다. 등급 중에서 A는 매우 훌륭하다는 의미이고, B는 그냥 훌륭하다는 의미, C는 보통, D는 취약하다는 의미, E는 매우 취약하다는 의미를 지닌다. 와이스 레이팅스 등급의 D등급부터는 투자에 따른 리스크가 크다는 것을 참고해야 하며, E등급의 경우 투자를 하면 안 되는 가상화폐라고 생각해도 무방할 것으로 보인다.

[그림 7-4] 코인 등급(Crypto Ratings) 확인하기

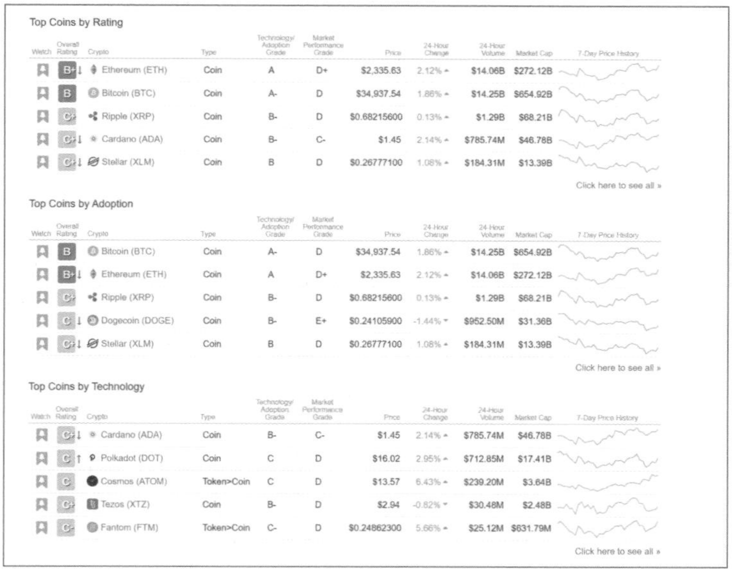

Top Coins by Rating

Watch	Overall Rating	Crypto	Type	Technology/ Adoption Grade	Market Performance Grade	Price	24-Hour Change	24-Hour Volume	Market Cap	7-Day Price History
	B+↓	Ethereum (ETH)	Coin	A	D+	$2,335.63	2.12% ▲	$14.06B	$272.12B	
	B	Bitcoin (BTC)	Coin	A-	D	$34,937.54	1.86% ▲	$14.25B	$654.92B	
	C+	Ripple (XRP)	Coin	B-	D	$0.68215600	0.13% ▲	$1.29B	$68.21B	
	C+↓	Cardano (ADA)	Coin	B-	C-	$1.45	2.14% ▲	$785.74M	$46.78B	
	C+↓	Stellar (XLM)	Coin	B	D	$0.26777100	1.08% ▲	$184.31M	$13.39B	

Click here to see all »

Top Coins by Adoption

Watch	Overall Rating	Crypto	Type	Technology/ Adoption Grade	Market Performance Grade	Price	24-Hour Change	24-Hour Volume	Market Cap	7-Day Price History
	B	Bitcoin (BTC)	Coin	A-	D	$34,937.54	1.86% ▲	$14.25B	$654.92B	
	B+↓	Ethereum (ETH)	Coin	A	D+	$2,335.63	2.12% ▲	$14.06B	$272.12B	
	C+	Ripple (XRP)	Coin	B-	D	$0.68215600	0.13% ▲	$1.29B	$68.21B	
	C↓	Dogecoin (DOGE)	Coin	B-	E+	$0.24105900	-1.44% ▼	$952.50M	$31.36B	
	C+↓	Stellar (XLM)	Coin	B	D	$0.26777100	1.08% ▲	$184.31M	$13.39B	

Click here to see all »

Top Coins by Technology

Watch	Overall Rating	Crypto	Type	Technology/ Adoption Grade	Market Performance Grade	Price	24-Hour Change	24-Hour Volume	Market Cap	7-Day Price History
	C+↓	Cardano (ADA)	Coin	B-	C-	$1.45	2.14% ▲	$785.74M	$46.78B	
	C↑	Polkadot (DOT)	Coin	C	D	$16.02	2.95% ▲	$712.85M	$17.41B	
	C	Cosmos (ATOM)	Token>Coin	C	D	$13.57	6.43% ▲	$239.20M	$3.64B	
	C+	Tezos (XTZ)	Coin	B-	D	$2.94	-0.82% ▼	$30.48M	$2.48B	
	C-	Fantom (FTM)	Token>Coin	C-	D	$0.24862300	5.66% ▲	$25.12M	$631.79M	

Click here to see all »

※ 와이스 레이팅스 Crypto Ratings(https://weissratings.com/en/crypto/coins)

시장의 1등에 주목하라

종목 분석이 복잡하고 어렵게 느껴진다면, 일반적으로 시장의 1등에 투자하는 것도 좋은 방법이다. 이는 주식투자와 같은 원리다. 시장의 1등은 항상 주목을 받게 되어 있기 때문이다.

어느 업종이나 1등은 많은 주목을 받고 그래서 더 많이 팔린다. 책도 베스트셀러에 오른 책이 더 많이 팔리고, 1등 맛집이라고 소문난 식당에 많은 손님이 몰리며 긴 줄도 마다하지 않는다. 주식도 시가총액 1위인 삼성전자가 독보적인 관심을 차지한다. 코인 시장의 1등은 단연 비트코인이다.

1등 비트코인의 2022년 2월 10일 기준 가격은 1BTC당 미화 43,829.97달러이다. 같은 날 2등인 이더리움 1ETH 현재 가격이 3,184.84달러이니 1위와 2위의 가격 차이만도 엄청나다. 시가총액도 같은 날 기준, 비트코인은 8조 310억 달러 이상이고, 이더리움은 3조 800억 달러가량으로 역시 큰 차이를 보이고 있다.

> 가상화폐 시장의 1등은 비트코인이다. 시가총액, 거래량 등에서 다른 대형 코인들을 다 합친 것보다도 압도적인 1위를 보인다.

이처럼 비트코인이 압도적인 1등을 차지하는 이유는 뭘까? 여러 요인이 있겠지만, 비트코인은 가상화폐 시장에 최초로 나타난 코인으로 기축통화 역할을 하고 있고 그로 인한 상징성과 높은 브랜드 가치 때문으로 보인다.

'커피' 하면 스타벅스, '빵집' 하면 파리바게트, '김밥' 하면 김밥천국을 떠올리는 것처럼, '코인' 하면 많은 사람이 비트코인을 떠올린다. 이더리움(ETH), 리플(XRP), 비트코인캐시(BCH) 등 여러 대형 화폐를 다 합쳐도 비트

코린이를 위한 친절한 가상화폐 투자

코인 가격이나 시가총액을 따라잡기 어려울 정도이다.

코인의 기능을 따져보라

그런데 왜 이렇게 코인이 많은 걸까? 가상화폐로서의 기능 외에 코인마다 기능이 다른 것일까? 답부터 말하자면 "그렇다." 코인별 용도가 다른데 여기서는 시장에서 현재 주목받고 있는 주요 코인의 기능만 소개하고자 한다. 각 코인별 특성에 관한 좀 더 자세한 정보는 8장에 정리했다. 가상화폐 홈페이지나 인터넷에 공개된 백서에도 용도 및 기능 등 자세한 정보가 나온다.

비트코인 다음으로 많이 알려진 이더리움은 우수한 기능성과 실용성 덕분에 많은 인기를 끌고 있다. 이더리움의 기능을 한마디로 정리하면, 블록체인 기술을 기반으로 스마트 컨트랙트 기능을 구현하기 위한 분산 컴퓨팅 플랫폼이자 운영체제라고 할 수 있다. 스마트 컨트랙트에 대해서는 뒤에서 자세히 설명하겠다. 이더리움이 제공하는 가상화폐는 이더(ETH)로 표시하며 비트코인 외에 시가총액이 가장 높은 대표적인 알트코인이다. 알트코인이란 비트코인 이후 등장한 후발 가상화폐를 일컫는 편의상의 용어다.

리플(XRP)이라는 가상화폐는 은행에 특화된 코인이다. 리플은 블록체인 기술을 사용한 국제 지불 수단으로 전 세계 여러 은

> 알트코인(Altcoin): 비트코인 이후 등장한 가상화폐들을 가리켜 알트코인이라고 한다.

행들이 실시간으로 자금을 송금할 때 사용할 수 있는 프로토콜 겸 가상화폐이다. 현재 100여 개의 은행에 달러, 엔화, 유로 등을 빠르고 저렴하게 송

금할 수 있는 소프트웨어를 제공하며, 가상화폐 결제 시간은 4초에 불과해 2분 이상인 이더리움과 1시간이 넘는 비트코인에 대해 경쟁 우위를 가지고 있다.

외환거래 시 국제은행 간 통신협회를 이용하는 기존 체제는 느리고 오류도 많으며 수수료도 비싼데, 리플은 이를 해결해줄 수 있다는 측면에서 획기적인 코인이다. 리플코인이라고도 부르며 타원형 디지털 서명 알고리즘을 사용한다. 다만, 리플은 중앙화된 가상화폐로 채굴이 없고 합의에 의해 운영된다.

[표 7-1] 주요 코인의 기능 및 용도

비트코인(BTC)	탈중앙화의 선봉에 서 있는 코인. 채굴 가능한 비트코인 개수는 고정되어 있음. 공급의 고정성으로 인해 가격 상승폭이 클 수 있음. 채굴자에게 공평한 기회를 제공함.
이더리움(ETH)	블록체인의 기초가 되는 앱 개발을 지원하는 플랫폼이자 거기서 사용되는 가상화폐. 실용성이 높은 코인에 해당함.
비트코인캐시(BCH)	비트코인 블록체인에서 분리되어 나온 가상화폐. 블록 크기를 증대하고자 비트코인과 별개의 블록체인으로 운영됨.
라이트코인(LTC)	비트코인을 금에 비유하면 라이트코인은 은에 비유됨. 비트코인에 기초해 만들어진 코인이라고 할 수 있음.
리플(XRP)	기업용 송금 네트워크 결제 플랫폼. 은행 간 이체 서비스에 활용됨. 국제 경제 시스템 망(SWIFT)을 대체할 새로운 수단이 될 수 있음.

저평가된 코인이 많다

코인도 내재가치가 있을까?

주식에서 가치투자란 저평가된 주식을 발굴해 그 내재가치를 보고 투자하는 방식을 말한다. 이는 주식뿐만 아니라 코인에서도 마찬가지로 통한다고 본다.

주식투자자라면 워런 버핏을 가치투자의 대가로 잘 알고 있을 것이다. 워런 버핏은 일찍이 열 살 무렵부터 주식투자를 시작했으며, 이후 60년 넘게 주식시장에서 엄청난 성과를 거둔 투자의 거장이다. 나는 경제교육 강의를 할 때마다 워런 버핏 이야기를 하는데, 간혹 진부한 이야기라고 치부하는 사람들이 있지만 그의 투자 원칙을 지키는 것만이 장기적으로 그와 같은 부자가 될 수 있는 길이라고 감히 말할 수 있다.

코인은 이를 발행한 재단이 있고 그 재단이 구상하는 프로젝트가 있다.

그 프로젝트의 성장성과 잠재력, 수익성에 따라 코인의 미래 가격은 변동될 것이다. 주식을 발행한 기업의 미래가치가 곧 주식의 내재가치인 것처럼 코인을 발행한 재단의

> 코인의 내재가치는 코인을 발행한 재단 및 프로젝트의 성장성과 잠재력에 있다. 내재가치를 평가해 투자하는 방법을 내재가치 투자법이라고 한다.

미래가치가 곧 코인의 내재가치이다. 그 미래가치만큼 가격이 오를 것을 믿고 투자하는 방법을 내재가치 투자법이라고 한다.

코인의 현재 가격이 내재가치에 비해 낮다고 판단된다면 당연히 그 종목을 사야 한다. 현재 그 코인 가격이 떨어지고 있더라도 그 내재가치를 믿고 사는 것이다. 이것이 곧 가치투자다.

그렇다면 코인의 내재가치는 어떻게 파악할까? 코인의 내재가치를 파악하기 위해서는 코인의 정보를 정리해볼 필요가 있다. 이 같은 질문을 던져보라. "과연 이 코인은 미래에 얼마만큼 활용되고 얼마나 큰 수익을 창출할 수 있을까?" "코인을 통한 프로젝트의 성장성과 안정성, 코인을 발행한 재단의 성장성과 안정성은 얼마나 좋은가?" 큰 틀에서는 주식투자할 때 기업의 내재가치 분석을 하는 것과 비슷하다.

코인 공식 홈페이지

코인에 대한 기본적인 정보는 프로젝트 재단의 홈페이지에 들어가 보면 확인할 수 있다. 코인의 소개, 뉴스, 로드맵, 재단 구성원에 대한 정보가 일목요연하게 요약되어 있다. 프로젝트 재단의 다양한 커뮤니케이션 채널들도 나

와 있다. 프로젝트 재단이 발행한 백서 또는 라이트 페이퍼를 검색해보고 코인의 미래 활용성, 프로젝트의 미션과 비전, 목표 등을 필수적으로 확인해야 한다. 이에 더해 거래소 홈페이지의 상장 검토보고서와 공시 내용도 확인한다면, 좀 더 객관적으로 코인을 분석해볼 수 있다.

어느 코인에 투자할지 잘 모르겠다면, 걸러내야 할 코인을 먼저 체크하는 것도 좋은 방법이다. 코인 공식 홈페이지조차 없는 코인은 투자하지 않는 것이 안전하다. 재단의 최신 뉴스가 없고 오래된 뉴스

> 코인의 재단 홈페이지에 접속해 기본적인 소개와 로드맵, 재단 구성원에 대한 정보를 꼭 확인하자.

만 공시된 프로젝트는 수요가 없는 코인일 가능성이 크다. 게다가 최신 로드맵으로 개정하지 않고 오래된 로드맵을 떡하니 공시한 프로젝트도 걸러내는 것이 좋다. 이런 코인은 재단이 코인 관리를 제대로 하지 않는다는 반증일 수 있기 때문이다.

로드맵이란 코인의 발전에 대한 구상을 뜻한다. 따라서 그 프로젝트 사업이 지금까지 얼마나 진척되었고 어떤 성과를 내고 있으며, 앞으로 어떤 방향으로 나아갈 것인지 로드맵을 통해 지속적으로 업데이트해야 한다. 만약 홈페이지에 그런 로드맵이 없다면 SNS에서라도 그 로드맵을 확인해볼 필요가 있다.

백서, 검토보고서, 공시

첫째, 백서 또는 라이트페이퍼

코인 투자를 제대로 고려한다면, 반드시 백서(white paper)를 검토하길 바란

다. 백서의 양이 많아 읽기 힘든 사람들을 위해 요즘에는 재단에서 백서의 약식 버전인 라이트 페이퍼(light paper)를 제공하기도 한다. 백서에서 파악해야 할 사항은 코인의 사업계획, 기술적인 내용, 투자계획, 코인이 현재 거래되는 방식이다. 이조차 어렵다면, 라이트 페이퍼에서 사업계획과 로드맵 정도는 반드시 확인하기 바란다. 더불어 재단 홈페이지를 간략하게라도 훑어보고 관련 뉴스도 찾아보라. 거금을 투자하는데 이런 작업은 필수적이다.

둘째, 거래소 상장 검토보고서

코인이 거래소에 상장되었다면, 거래소에는 검토보고서가 있을 것이다. 거래소는 상장, 투자 유의, 거래 지원 종료 등을 결정하기 위해 일정 기준에 따라 코인을 평가하는데, 그 결과가 바로 검토보고서에 기록된다. 검토보고서의 내용은 거래소마다 다소 차이가 나지만, 보통은 코인의 간략한 소개와 주요 특징을 언급하게 되어 있으니 이것만 보더라도 해당 코인의 내재가치 파악에는 도움이 될 것이다.

> 코인원과 빗썸 등 거래소들은 상장된 가상화폐 명세서를 공개하고 있다. 투자하고 싶은 코인이 있다면 상장 명세서만큼은 반드시 확인하자.

코인원의 경우 가상자산 소개 및 명세서 서비스를 제공하므로 이를 활용해보는 것도 좋은 방법이다. 코인원 홈페이지에서 '코인정보' 메뉴를 클릭해 '가상자산 명세서'를 보면 코인원에 상장된 가상화폐들 명단이 나온다. 각 가상화폐를 클릭해 상장 명세서를 확인할 수 있다(그림 7-5 참조). 이 명세서는 변동 사항이 있을 때마다 수시로 바뀐다.

코인원에서는 각 코인마다 일목요연한 정리를 제공한다. 소개하는 동영상도 있으니 한 번쯤 볼 만하다.

코린이를 위한 친절한 가상화폐 투자

[그림 7-5] 가상자산 상장 명세서 확인(코인원)

① 코인정보 〉 가상자산 명세서
※ 코인원 코인정보(https://coinone.co.kr/info/coins)

② 일루비움 상장 명세서

빗썸의 경우에는 '빗썸카페'에 접속해 정보란에서 가상자산 검토보고서를 클릭하면 확인해볼 수 있다.

[그림 7-6] 빗썸 제공 가상자산 검토보고서

※ 빗썸카페 가상자산검토보고서(https://cafe.bithumb.com/view/boards/809)

[그림 7-6]에서 가령, '페이코인'의 검토보고서를 클릭하면, 코인 정보 및 스펙 등 다양한 자료를 확인할 수 있다(그림 7-7 참조).

[그림 7-7] 페이코인 검토보고서

1. 페이코인(PayCoin, PCI)이란?

페이프로토콜은 하이퍼레저 패브릭 기반으로 사용자와 가맹점을 직접 연결하는 End To End 결제 플랫폼이다. 더 나아가 기존 결제 시장 참여자들의 역할을 블록체인 기반의 스마트 컨트랙트와 가상자산 순환구조를 통해 서비스를 구현하여 빠르고 저렴한 결제 플랫폼을 제공하고자 한다. 페이코인은 페이프로토콜 노드와 지갑 서비스 제공자, 판매자와 소비자를 이어주는 페이프로토콜 네트워크의 기축통화이다. 또한, 페이프로토콜의 생태계를 실행하고 유지하는 네트워크 참여자들에게 인센티브를 지급하는 거래 수단과 보상으로 사용된다.

2. 주요 스펙

가상자산 명	페이코인 (PayCoin, PCI)
코인 타입	Mainnet
홈페이지	http://payprotocol.io/
합의알고리즘	Kafka
설립자	Anthony Cho (조진곤)
총 발행량	3,941,000,000 PCI
토큰 분배 현황	Huobi Korea Prime 0.35% Payment Reserve 57.74% Partnership Reserve 15% Marketing 1% Ecosystem Incentive 11.71% Paycoin Co.,Ltd Operation 4.2% Team & Company 5% Advisors 5%
상장 거래소	Upbit, GDAC, Coinone, Liquid, Huobi Korea

* 위 사항은 2021.07.15 기준으로 코인마켓캡(https://www.coinmarketcap.com)과 재단을 통해 제공받은 자료이며, 당사는 유통 가능 물량이나 시기가 제한되어 있음을 보증하지 않습니다. 재단이나 제 3자가 추가 물량을 유통할 수 있고 직·간접적인 거래행위(자전거래, 통정거래, 유동성 공급, 마켓 메이킹 등)를 통한 가격 변동이 발생할 가능성이 있으니 투자에 유의하시기 바랍니다.

03

코인에 관한
다양한 정보 채널

이더스캔 활용법

코인에 관한 객관적인 정보를 제공하는 곳은 코인마켓캡 사이트 외에도 이
더스캔(etherscan) 사이트가 있다. 이더스캔은 이더리움 분석을 제공하는 블
록체인 플랫폼이다. 이더스캔에 접속하면 이더리움의 실시간 가격과 블록 채
굴의 현황 및 채굴자, 그리고 최근 거래 내역을 실시간으로 확인할 수 있다.
나아가 이더리움 외에 블록체인 네트워크에 있는 모든 코인에 대한 정보도
검색할 수 있다.

이더스캔 사이트(https://etherscan.io/)에 접속하면 [그림 7-8]과 같은 화면
이 뜬다.

[그림 7-8] 이더스캔 초기 화면

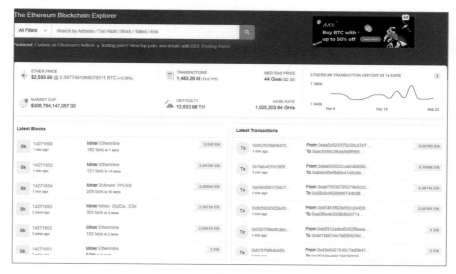

※ https://etherscan.io/

이더스캔 초기 화면 상단에 주요 지표들이 나오는데 각각의 의미는 다음과 같다.

- ETHER PRICE: 실시간으로 업데이트되는 이더리움 가격
- TRANSACTIONS: 이더리움의 거래량(5분마다 업데이트, 초당 거래량도 나옴)
- MARKET CAP: 이더리움 시가총액. 전 세계에 유통되는 이더리움을 오늘 가격으로 곱한 것.
- DIFFICULTY: 채굴의 난이도를 수치화한 것
- HASH RATE: 채굴자가 필요로 하는 컴퓨터 파워.

이더스캔 초기 화면 상단에 있는 'Ethereum Blockchain Explorer'를 활용하면 이더리움 외의 다른 코인에 관한 정보도 확인할 수 있다. 이 창에 ETH 주소를 입력하거나, 코인 전송 후 나타나는 트랜잭션 해시값 또는 블록의 숫자, 이더리움 관련 토큰, ENS(Ethereum Name Service: 이더리움 네임서비스를

[그림 7-9] 이더리움 익스플로러에서 제공하는 테더코인 정보

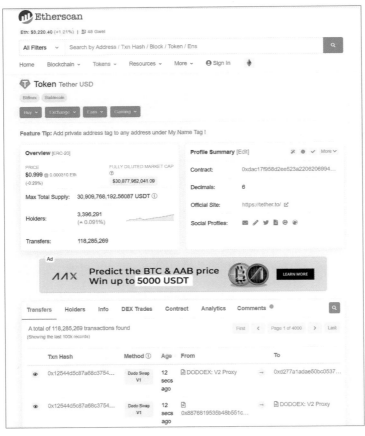

※ https://etherscan.io/token/0xdac17f958d2ee523a2206206994597c13d831ec7

코린이를 위한 친절한 가상화폐 투자

설정해야 가능) 등을 입력하고 검색하면 관련 이더리움 블록의 정보를 확인할 수 있다.

예를 들어 테더코인(Tether USD) 정보가 궁금하다면, 이더리움 익스플로러 창에 Tether USD를 입력하고 돋보기 버튼

을 클릭하면 [그림 7-9]와 같이 테더코인에 관한 상세한 정보가 뜬다. 개요(Overview)에는 테더코인의 가격, 최대 공급량, 보유자, 거래량, 웹사이트, 계약, SNS 등 다양한 정보가 있다.

이보다 좀 더 손쉽게 다양한 정보를 찾아보려면 텔레그램, 트위터, 미디엄, 레딧, 디스코드 등 프로젝트 혹은 재단의 최신 뉴스를 소개해주는 블록체인 업계의 커뮤니티를 이용할 수 있다. 부록에서 코인 관련 주요 매체를 소개한다.

쟁글 공시 서비스

각 거래소의 공시 자료를 한꺼번에 조회할 수 있는 쟁글(xangle)도 매우 유익한 정보 채널이다. 쟁글은 크로스앵글(CrossAngle)이라는 싱가포르 법인에서 만든 온라인 플랫폼으로 전 세계 주요 거래소와 파트너 관계

를 수립하고 이들 거래소에 공시된 가상화폐 정보를 제공하는 서비스를 주로 하고 있다. 거래소 공시는 공식적인 정보이므로, 실제로 코인 가격에 많은

[그림 7-10] 쟁글 공시 서비스

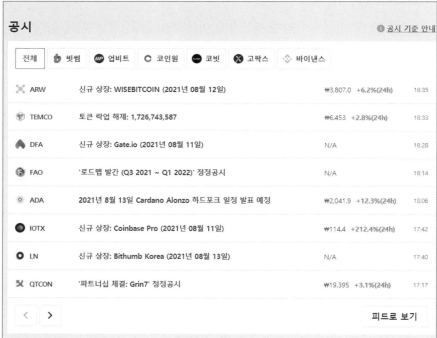

공시   ⓘ 공시 기준 안내

전체	🐷 빗썸	ⓤ 업비트	Ⓒ 코인원	⬤ 코빗	❌ 고팍스	✦ 바이낸스

❌ ARW	신규 상장: WISEBITCOIN (2021년 08월 12일)	₩3,807.0 +6.2%(24h)	18:35
🔷 TEMCO	토큰 락업 해제: 1,726,743,587	₩6.453 +2.8%(24h)	18:33
🔺 DFA	신규 상장: Gate.io (2021년 08월 11일)	N/A	18:28
Ⓕ FAO	'로드맵 발간 (Q3 2021 ~ Q1 2022)' 정정공시	N/A	18:14
☀ ADA	2021년 8월 13일 Cardano Alonzo 하드포크 일정 발표 예정	₩2,041.9 +12.3%(24h)	18:06
⬤ IOTX	신규 상장: Coinbase Pro (2021년 08월 11일)	₩114.4 +212.4%(24h)	17:42
Ⓞ LN	신규 상장: Bithumb Korea (2021년 08월 13일)	N/A	17:40
✖ QTCON	'파트너십 체결: Grin7' 정정공시	₩19.395 +3.1%(24h)	17:17

‹ ›   피드로 보기

※ https://xangle.io/

코린이를 위한 친절한 가상화폐 투자

[그림 7-11] 쟁글 제공 가상화폐 기본 정보

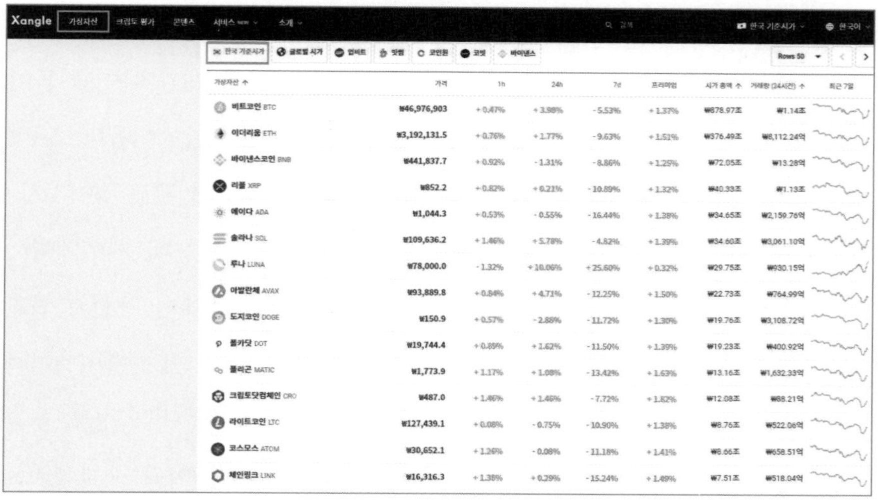

가상자산	가격	1h	24h	7d	프리미엄	시가 총액	거래량 (24시간)	최근 7일
비트코인 BTC	₩46,976,903	+0.47%	+3.98%	-5.53%	+1.37%	₩878.97조	₩1.14조	
이더리움 ETH	₩3,192,131.5	+0.76%	+1.77%	-9.63%	+1.51%	₩376.49조	₩8,112.24억	
바이낸스코인 BNB	₩441,837.7	+0.92%	-1.31%	-8.86%	+1.25%	₩72.05조	₩13.28억	
리플 XRP	₩852.2	+0.82%	+0.21%	-10.89%	+1.32%	₩40.33조	₩1.13조	
에이다 ADA	₩1,044.3	+0.53%	-0.55%	-16.44%	+1.38%	₩34.65조	₩2,159.76억	
솔라나 SOL	₩109,636.2	+1.46%	+5.78%	-4.82%	+1.39%	₩34.60조	₩3,061.10억	
루나 LUNA	₩78,000.0	-1.32%	+10.06%	+25.60%	+0.32%	₩29.75조	₩930.15억	
아발란체 AVAX	₩93,889.8	+0.84%	+4.71%	-12.25%	+1.50%	₩22.73조	₩764.99억	
도지코인 DOGE	₩150.9	+0.57%	-2.88%	-11.72%	+1.30%	₩19.76조	₩3,108.72억	
폴카닷 DOT	₩19,744.4	+0.89%	+1.62%	-11.50%	+1.39%	₩19.23조	₩400.92억	
폴리곤 MATIC	₩1,773.9	+1.17%	+1.08%	-13.42%	+1.63%	₩13.16조	₩1,632.33억	
크립토닷컴체인 CRO	₩487.0	+1.46%	+1.46%	-7.72%	+1.82%	₩12.08조	₩88.21억	
라이트코인 LTC	₩127,439.1	+0.08%	-0.75%	-10.90%	+1.38%	₩8.76조	₩522.06억	
코스모스 ATOM	₩30,652.1	+1.26%	-0.08%	-11.18%	+1.41%	₩8.66조	₩658.51억	
체인링크 LINK	₩16,316.3	+1.38%	+0.29%	-15.24%	+1.49%	₩7.51조	₩518.04억	

※ 쟁글 가상자산 리스트(https://xangle.io/project/list)

영향을 미치는 중요한 정보라 할 수 있다.

쟁글에서는 공시 정보 외에도 다른 여러 가지 서비스를 제공하고 있다. 가상화폐들의 한국 시가, 글로벌 시가, 거래량, 시가총액을 확인할 수 있다. 또한 가상화폐 프로젝트의 재무건전성 및 경영 성과, 기술 감사 및 법률 자문 등을 토대로 가상화폐 신용도를 평가하기도 한다.

최근 공시에서 주목받고 있는 것으로 NFT(Non Fungible Token, 대체 불가능한 토큰), DID(Decentralized Identifiers, 분산 식별자), 디파이(DeFi: Decentralized Finance, 탈중앙화 금융), 코인 소각(Coin Burning), 토큰 스왑(Token Swap) 등이 있다.

NFT는 자산의 소유권을 블록체인상에 등록해 고유값을 가진 토큰으로

NFT: 대체 불가능한 토큰이라고도 한다. 자산의 소유권을 블록체인에 등록해 고유값을 가진 토큰으로 발행한 것.

발행하는 것이므로 대체 불가능한 토큰이라고 한다. 진위 여부, 소유권 입증 여부가 중요한 미술품 등 예술 작품, 게임 아이템 등이 NFT로 많이 응용되고 있는 이유다. NFT에 대해서는 12장에서 자세히 다루고 있다. 여기서는 개념만 짚고 넘어가자.

DID는 탈중앙화 신원 증명 혹은 분산 식별자라고 일컫는데, 마이데이터(My Data)를 현실화해주는 기술을 뜻하며 사용자가 플랫폼에서 자신의 주권

디파이(DeFi): 탈중앙화 금융. 탈중앙화 거래소(DEX)에서 이루어지는 금융을 뜻한다.

을 스스로 관리할 수 있게 한다. 마이데이터란 자신의 신용 정보나 금융거래 정보 등을 정보 주체인 개인이 적극적이고 주체적으로 관리하는 시스템을 의미한다. 이를 응용한 코인도 최근 각광을 받고 있으니 검색해보기 바란다.

• DID: 탈중앙화 신원 증명 혹은 분산 식별자라고 한다. 사용자가 온라인 플랫폼에서 자신의 주권을 스스로 관리할 수 있게 한다.
• 코인 소각: 코인 가격에 영향을 주려는 의도로 코인 물량을 없애는 것을 말한다.

디파이(DeFi)란 탈중앙화 금융을 뜻한다. 가상화폐를 매매할 수 있는 거래소들은 대부분 중앙화된 반면, 디파이는 탈중화된 거래소 즉 덱스(DEX)를 기반으로 매매가 이루어진다. 중앙화 금융에 비해 디파이는 보안이 확실하다는 장점이 있는데, 절감한 보안 비용을 참여자들에게 돌려주는 선순환 구조를 가진 투자다. 디파이 투자에 대해서는 10장에서 자세히 다룬다.

코인 소각(Coin Burning)은 코인의 발행량을 조절하기 위해 일정 물량을 없애는 것을 뜻한다. 코인 물량을 없애 코인 가격에 영향을 주려는 것이 코인 소각의 의도다.

04

투자의 새로운 기준, 김치 프리미엄

김치 프리미엄의 역사

김치 프리미엄이란 한국에서 거래되는 가상화폐의 시세가 해외 거래소의 시세와 비교해 높은 정도를 나타내는 용어이다. 한국 거래소의 가격이 해외 거래소보다 높을 경우 김치 프리미엄이 붙어있다는 말을 하곤 한다.

2017년 우리나라뿐만 아니라 전 세계에 가상화폐 투자 붐이 일면서 김치 프리미엄이라는 신조어가 탄생했다. 구글 트렌드 통계에 따르면 김치 프리미엄은 2016년 이전에는 거의 쓰이지 않았고 다른 의미의 '한국 프리미엄'만 간혹 쓰였다.

2017년 5월 암호화폐 전문 커뮤니티에서 한 사용자가 시세 정보를 알려주는 크롬 확장프로그램을 개발하면서 처음 김치 프리미

> 김치 프리미엄: 특정 코인 가격이 해외 거래소보다 한국 거래소에서 높을 때를 말한다. 그 시세차익을 노린 투자 또한 김치 프리미엄이라 한다. 줄여서 '김프'라고 한다.

엄이라는 표현을 사용했다. 그 이후에 코인원 채팅방과 코인 갤러리 등에서 김치 프리미엄이라는 표현이 유행처럼 번지면서 다른 투자자들도 이 표현을 자연스럽게 사용했다.

그때까지만 해도 김치 프리미엄은 이른바 가상화폐 거래자들의 전문 용어에 머물렀다. 그러나 2018년 1월 12일, 일명 '박상기의 난'이 벌어지면서 일반인들에게도 김치 프리미엄이 널리 알려지게 되었다. 박상기의 난이란 전 박상기 법무부 장관이 '가상화폐 거래소 폐쇄' 가능성을 언급한 사건을 말하는데, 그때 그가 김치 프리미엄이라는 표현을 사용한 것이다. 김치 프리미엄을 한국 프리미엄이라고도 하며 줄여서 흔히 '김프'라고 부른다.

김프 투자 전략은?

구체적으로 김치 프리미엄은 어떤 양상을 보일까? 특정 코인의 김프를 제공하는 몇몇 사이트가 있는데, 그중 대표적인 것이 코인판(coinpan)과 김프가(kimpga) 사이트이다.

김프가 너무 높으면 가격이 곧 폭락할 수도 있는 사인이니 매도를 고려한다. 반대로 역프가 있다면 가격 상승의 신호로 받아들여 매수 전략을 고려한다.

김프와 반대로 해외 거래소의 시세가 더 높은 경우 '역프'가 끼었다는 말도 한다. 2021년에 다시 한번 비트코인 가격이 치솟으면서 국내 거래소가 해외 거래소에 비해 1천만 원 가량 높은 시세를 형성한 적이 있었다. 즉 김치 프리미엄이 매우 높은 것이다. 그런 이유로 김치 프리미엄을 노

[그림 7-12] 김치 프리미엄 확인하기

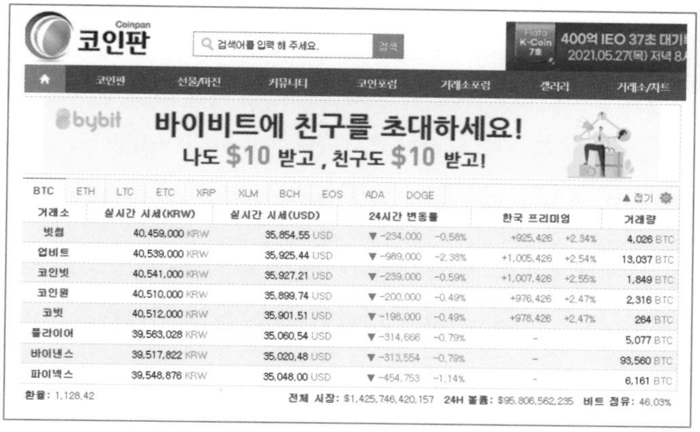

※ https://coinpan.com/

린 외국인도 증가하고 있는 추세다.

  김치 프리미엄은 요동치는 가상화폐 시장에서 일정한 기준을 제시해준다는 점에서 주목할 필요가 있다. 모든 코인 종목의 김프가 지나치게 높거나 자신이 보유한 종목의 해외 가격은 떨어지고 있는데 한국 가격은 유지되고 있다면 언제 가격이 폭락할지 모르는 상황이므로 빠른 매도 후 관망하는 것이 좋다. 반대로 해외에서 가격이 급등하는데, 김프가 지나치게 낮게 형성된 코인이 있다면, 즉 역프 현상이 있는 코인이 있다면 국내에서 해당 종목에 투자해 이후 상승세를 예상해볼 수 있다.

김프를 이용한 보따리꾼

김치 프리미엄이 발생하는 원인은 여전히 국가 간에 비효율적인 정보 장벽이 존재하기 때문일 것이다. 정상적이고 효율적인 시장이라면 국가 간 가격 차이가 발생하는 즉시, 싼 곳에서 사서 비싼 곳에서 파는 차익 거래가 발생한다. 즉 일반 투자자들에게 차익 거래 기회가 돌아오지 않을 것이다. 가상화폐의 경우 직접 실물을 얻는 게 아니므로 차익 거래 기회는 없어야 하는 것이 정상이다.

그러나 현재의 가상화폐 시장은 국가 간 가격 차이가 발생한다. 가장 큰 원인은 국내 거래소에 있는 규제 장벽이라고 본다. 국내 거래소에는 외국인 거래가 막혀 있고 거래소가 유동성을 공급하는 것은 불법이다. 외화를 이용해 외국 거래소에서 구매하는 것은 외화 유출로 처벌받을 수도 있다. 그런 규제 장벽으로 인해 가격 차이가 발생한다.

일부 투자자들은 여전히 김프, 역프를 노린 차익 거래를 시도한다. 김프가 낮을 때 원화로 가상화폐를 구매한 후에 외국 거래소에서 달러로 바꾸고, 김프가 높을 때 달러로 가상화폐를 구매한 후에 국내 거래소에서 원화로 환전하는 식이다. 이런 투자자들을 이른바 '보따리꾼'이라고 하는데 환율 및 전송 시간, 거래소 신뢰도 등에 따라 어느 정도 리스크는 있지만 수익을 내는 사례가 있다.

김치 프리미엄은 그 개념이 처음으로 유행한 2017년 말경에는 5% 정도였고 이후 알트코인들도 상승세를 보이면서 10%를 넘기 시작했다. 김프가 30% 정도까지 올라간 적도 있다. 이처럼 김프가 과도하게 형성되다 보니 중간에 이를 이용한 차익 거래를 시도하는 사람이 늘기 시작했다. 김프를 악용한 외환투기적 거래가 성행하면서 거래소 폐쇄 경고, 신규계좌 발급 중단, 거래소 실명인증 등 여러 규제들이 도입되었고, 그 결과 현재 김프는 급격히 낮아지고 있는 추세다.

지금도 일부 코인에서 김치 프리미엄이 3~5% 정도씩 남아 있는데 이를 이용한 차익이 매력적인 수준은 아닌 것으로 보인다. 그래도 김프를 수시로 체크하면서 투자에 참고하는 것은 좋은 투자 전략임이 틀림없고, 외국 거래소에 투자할 때 체크해보아야 할 지표임은 분명하다.

이번 장에서는 가상화폐 투자자들의 종목 선정에 도움이 되고자 주요 코인들을 소개하고자 합니다. 투자의 대상을 고려할 때 참고가 되도록 시장에서 주목을 받고 있고 미래가 촉망되는 주요 코인들을 모아보았습니다. 각 코인의 특징들을 보고 투자에 참고하시기 바랍니다. 비트코인은 반감기(having)를 설계함으로써 채굴 보상과 발행량을 조절하고 있고 가격을 안정화하고 있습니다. 또한 기축통화로서 알트코인의 거래 수단이 되고 있습니다. 비트코인에 이은 유망주 이더리움과 거기서 하드포크된 이더리움 클래식에 대해서도 알아보았습니다. 국제 간 송금에 사용되는 리플, 가격이 고정되어 기축통화 역할을 하는 테더와 타라는 대표적인 스테이블 코인으로 살펴보고 있습니다.

8장

다양한 코인의 세계

모든 코인의 중심 비트코인

제한된 발행량과 반감기

비트코인은 단위 가격에서나 시가총액에서나 1등 코인임을 앞서 보았다. 발행량은 2,100만 개로 고정되었다. 21만 블록당 발행량이 반감하는 구조로 설계되었고, 2021년 말 기준 비트코인 발행량의 90% 이상이 발행되었다.

비트코인은 4년마다 발행량과 채굴 보상을 반으로 줄이는 반감기(having)를 두었다. 지금까지 총 3회의 반감기가 있었고 2022년 현재 블록당 채굴 보상은 6.25BTC다. 남은 발행량은 10% 정도다.

비트코인의 특이한 사항은 반감기(halving)가 있다는 것이다. 비트코인은 채굴에 대한 보상으로 비트코인을 지급하는데 발행량이 제한되었기 때문에 보상액도 4년마다 절반으로 감소하도록 설계했는데, 보상과 발행량이 반으로 감소하는 4년 주기를 반감기라고 한다. 한정된 발행량과 반감기를 설계해 수량을 통제한 것은 비트코인의 가격 하락을 막으려는 의도였다.

[표 8-1] 비트코인 반감기와 채굴 보상

차수	비트코인 반감(년도)	블록당 채굴 보상
0	2009	50BTC
1	2012	25BTC
2	2016	12.5BTC
3	2020	6.25BTC
4	2024	3.125BTC
5	2028	1.5625BTC

비트코인 반감기는 2012년, 2016년, 2020년 총 3회 있었고 다음 반감기는 한국 시간으로 2024년 4월 21일 예정되었다. 채굴에 대한 보상은 블록당 50BTC 하던 것이 2012년 25BTC, 2016년 12.5BTC, 2020년 6.25BTC로 줄었다. 2024년 반감기를 지나면 블록당 채굴 보상은 3.125BTC가 될 것이다.

이론적으로, 발행량이 줄어들면 유통량도 줄어들고 그 희소성으로 인해 코인의 가격은 상승한다. 금의 가치가 높은 이유가 희소성 때문인 것과 같은 이치다.

왜 기축통화인가?

비트코인은 가상화폐 시장에서 기축통화 역할을 한다. 기축통화란 미국 달러화처럼 국제 간 결제나 금융거래의 기준이 되는 통화를 뜻한다. 외환거래 가상화폐 거래에서 비트코인은 기축통화 역할을 한다. 즉 코인을 매수하려면 비트코인을 매수하는 과정을 거쳐야 한다. 국내 거래소들은 원화 마켓을 상장해 원화로 직거래할 수 있게 했다.

에서 미국 달러화가 중심이 되는 것처럼 가상화폐 시장에서 비트코인은 결제의 수단으로 사용되고 있다.

코인은 크게 비트코인과 알트코인으로 분류하는데 알트코인을 거래할 때 비트코인을 화폐처럼 이용한다. 즉, 알트코인을 매수하기에 앞서 비트코인을 매수하는 과정을 거쳐야 한다. 다만, 국내 거래소들은 비트코인으로 환전하는 과정

[그림 8-1] 코인별 실시간 원화 가치

※ 업비트(https://upbit.com/exchange?code=CRIX.UPBIT.KRW-BTC)

코린이를 위한 친절한 가상화폐 투자

없이 원화로 직거래할 수 있도록 원화 마켓을 상장해놓기도 했다. 예를 들어, 업비트 홈페이지에 들어가면 오른쪽 상단에 원화 마켓이 있다(그림 8-1). 1비트코인(BTC)이 원화(KRW)로 얼마인지를 실시간으로 확인할 수 있다.

원화 대신 미 달러화를 기준으로 거래할 수도 있는데, 바로 테더코인 (USDT)으로 거래하는 방식이다. 테더코인은 미화 1달러로 가격이 고정되어 있어서 달러로 얼마인지를 알게 해준다. 원화 마켓에서처럼 일부 코인은 비트코인을 거치지 않고 테더코인으로 직접 거래할 수 있다. 업비트 홈페이지에서 오른쪽 상단의 USDT를 클릭하면 코인별 실시간 미 달러 가치를 확인할 수 있다(그림 8-2).

[그림 8-2] 코인별 실시간 달러 가치

알트코인의 거래 수단

하지만 이렇게 원화와 테더코인으로 살 수 있는 코인은 전체 코인 중 일부에 불과하다. 따라서 우리는 비트코인을 통해서 알트코인을 거래하는 방법 및 기준을 살펴보기로 한다.

계속해서 업비트를 예로 설명하면, 거래소 우측 상단의 BTC라는 탭을 클릭하면, 비트코인과 다른 코인의 교환 비율을 확인할 수 있다(그림 8-3).

BTC 탭을 클릭했을 때 최상단에 바이프로스트가 올랐는데 현재가가 0.00000511BTC이다. 비트코인은 일반적인 화폐와 달리 소수점 8자리 숫자까지 가격으로 사용되고 있다. 0.00000001이 비트코인의 최소 단위이고 이 최소 단위를 비트코인을 만든 나카모토 사토시의 이름을 좇아 '사토시'라고

[그림 8-3] 비트코인과 알트코인의 교환 비율

※ 업비트(https://upbit.com/exchange?code=CRIX.UPBIT.KRW-BTC)

부른다. 즉 1사토시는 0.00000001BTC에 해당하며, 비트코인을 1억 분의 1로 나눈 가격이 된다. 1비트코인이 10,000,000원(KRW)이라면 1사토시는 0.1원이다. 2022년 2월 10일

> 비트코인 가격은 1억 분의 1까지 사용된다. 즉 비트코인의 최소 단위는 0.000000010이고 이를 1사토시라고 한다.

기준 비트코인은 약 53,180,000원이어서 1사토시는 0.53원이 된다. 그러므로 사토시 가격이 오르면 비트코인 가격은 상승하는 것이며, 사토시 가격이 하락하면 비트코인 가격도 하락하는 것이다.

코인이 현재 상승세인지 하락세인지 가격 흐름을 한눈에 파악하려면 어떻게 하면 될까? [그림 8-3] 업비트의 원화 탭에서 대표 코인인 비트코인과 이더리움 차트를 차례로 클릭해 대략적인 흐름을 파악해볼 수 있다.

[그림 8-4] 차트는 원화로 환산한 비트코인 차트와 이더리움 차트를 차례로 나타내고 있다. 두 차트를 보면 비트코인 가격과 이더리움 가격은 2021년 6월 현재 모두 우상향하는 모습을 보이고 있다. 즉 원화 가치로 계산한 비트코인과 사토시 가격, 이더리움 가격 모두 상승하는 추세라고 할 수 있다. 코인 차트를 분석하는 구체적인 방법은 9장에서 자세히 설명하고 있다.

[그림 8-4]처럼 비트코인도 이더리움도 모두 우상향하므로, 두 코인의 방향은 동일하다. 따라서 비트코인으로 환산한 이더리움(ETH/BTC) 차트의 모습은 보합세를 보이는 게 당연하다(그림 8-5). 업비트 우측 상단 BTC 탭에서 이더리움을 클릭하면 이 같은 차트를 확인할 수 있다.

이런 간단한 원리를 이용해 시장에서 비정상적인 차트의 모습을 보이는 경우 차익 거래로 수익을 챙기는 경우가 더러 있다. 가령, 비트코인과 이더리움이 같은 방향으로 움직이는데도 ETH/BTC 차트 추세가 반대 방향으로

[그림 8-4] 비트코인과 이더리움 기본 차트

① 비트코인/원화

② 이더리움/원화

코린이를 위한 친절한 가상화폐 투자

[그림 8-5] 비트코인으로 환산한 이더리움

나타날 때를 포착해 차익 거래를 하는 것이다. 다만, 이런 차익 거래 기회는 흔치 않으며, 현재는 트레이딩 기술이 발전해 이런 차익 거래 기회가 있는 경우 자동으로 매매가 실현되는 프로그램이 개발되고 있는 실정이다. 따라서 원화와 비트코인, 알트코인의 차익 거래는 앞으로 큰 의미가 없다고 본다.

미래 유망주
이더리움

놀라운 상승세의 숨은 이유?

1등 코인이 비트코인이라면, 2등 코인은 이더리움(ETH: Ethereum)이라는 데이견이 없을 것이다. 2022년 2월 11일 기준 이더리움의 1개 가격은 약 365만 원, 시가총액은 약 437조 원으로 비트코인에 이어 단가도 시가총액도 2위에 올랐다. 이더리움도 비트코인처럼 엄청난 가격 상승을 보여왔다. 2017년 초에 3만 원 정도였던 이더리움은 놀랍게도 1년 만에 30배가 넘는 100만 원까지 치솟았고, 2022년 2월 현재 360만 원 선까지 올랐다.

이더리움 기술을 기반으로 기업형 블록체인 솔루션을 공동 개발하기 위해 다국적 대기업들이 컨소시엄을 결성해 EEA 연합을 만들었다.

왜 이더리움은 이런 높은 인기, 높은 상승세를 보이고 있나?

이더리움의 상승 요인 중 대표적인 것은 EEA(Enterprise Ethereum Alliance) 연합의

[그림 8-6] 이더리움 차트

※ 업비트. 2022년 2월 11일 기준

탄생을 들 수 있다. EEA는 이름만 대면 알 만한 다국적 대기업들이 이더리움 기술을 기반으로 기업형 블록체인 솔루션을 공동 개발하기 위해 설립한 연합이다. 즉, 일종의 컨소시엄이다. 우리나라에서는 삼성전자가 EEA 연합에 참여했고, 해외에서는 마이크로소프트, JP모건 등이 참여하고 있는 것으로 알려져 있다.

스마트 컨트랙트와 이더

비트코인과 달리 이더리움은 실존의 창시자가 있는데, 1994년생 캐나다계 러시아 출신의 비탈리크 부테린(Vitalik Buterin)이 이더리움의 창시자다. 이더리움을 개발하기 시작한 2013년, 그의 나이는 고작 만 19세였다. 비탈리크 부테린은 컴퓨터 과학자인 아버지 드미트리(Dmitry)의 영향으로 17세부터 비트코인을 접했고 그 후 비트코인 광팬이 되었다. 그는 비트코인 사용자로서 시스템 개선 활동에 참여하고 싶었다고 한다. 그러나 개발팀의 허가라는 제약 때문에 그 소망은 물거품이 되었고, 그런저런 이유로 완벽히 탈중앙화된 독립적인 플랫폼을 꿈꾸게 된다.

이더리움은 완전히 탈중앙화된 단 하나의 컴퓨터 네트워크라는 꿈을 실현한 플랫폼이다. 세계 어디서든 누구든 그 누구의 허가도 받을 필요 없이 자유롭게 네트워크에 참여해 가상화폐 거래를 인증하고 볼 수 있게 되기를 바랐던 부테린은 그 꿈을 실현했다. 그 꿈을 실현시키는 수단이 바로 스마트 컨트랙트(smart contract)였다.

스마트 컨트랙트는 이더리움의 가장 큰 특징이기도 하다. 스마트 컨트랙트란 쉽게 말해, 블록체인상에 가상화폐 거래 기록뿐만 아니라 SNS, 이메일, 전자투표 등 온갖 다양한 정보를 기록할 수 있는 시스템을 말한다. 특정 조건이 충족되면 특정 계약이 성립된다는 계약서를 디지털 명령어로 작성하고 개인 대 개인(P2P) 방식으로 체결한다. 계약 당사자끼리 합의한 조건에 따라 계약 내용이 자동으로 실행된다.

스마트 컨트랙트를 처음 개발한 사람은 1994년 닉 사보였지만, 이를 블록체인과 가상화폐에서 처음 구현한 사람은 비탈리크 부테린이었다. 이더리움 채굴자들이 스마트 컨트랙트의 유효성을 입증하고 승인하면 그 보상으로 '이더(ETH)'라는 가상화폐를 받는다.

비트코인보다 높은 기술력

비트코인을 흔히 '디지털의 금'이라고 표현하는데 비트코인이 송금, 출금, 지출 등 화폐로서 기능하도록 만들어졌기에 그렇다. 화폐는 계약서와 달리 교환이라는 단순하고 이해하기 쉬운 기능을 수행한다. 이처럼 비트코인의 기능은 단순하다. 이를 두고 비트코인이 너무 화폐적 기능밖에 없다는 비판도 제기되고 있다.

그런 비판을 개선하고자 새로운 블록체인 네트워크를 만들어 여러 가지 분산 애플리케이션을 이용할 수 있게 한 것이 바로 이더리움 플랫폼이다. 이더리움은 비트코인에 비해 기술 면에서 한 차원 높고, 초당 거래 건수도 4배 정도 높으며 지불 결제 처리 시간은 10배 빠른 것이 특장점이다.

지나가는 말이지만, 이더리움은 2013년 12월 백서를 공개하자마자 엄청난 관심을 받았다. 가상화폐는 제품 출시 전 테스트 단계를 거치는 게 필수 과정인데, 이더리움은 테스트 단계에서만 무려 1,550만 달러 이상 사전 판매되었다고 한다. 이처럼 이더리움이 큰 관심을 받은 것은 비탈리크 부테린이 비트코인 커뮤니티에서 이미 유명인사였던 이유도 있었겠지만, 그보다도 이더리움은 비트코인과 달리 자금 조달이 필요한 상황이었으므로 백서에서 이더리움 기술에 대해 과대 선전을 한 결과라는 평도 있다.

어찌 됐건 이더리움은 그 기술력과 기능성으로 인해 많은 투자자들을 사로잡고 있는 가상화폐로 자리를 잡았다. 투자 대상을 물색하고 있는 코린이라면 이더리움의 성장성을 지켜볼 필요가 있다.

03

리플, 라이트코인

화제의 중심에 선 리플

이번에 살펴볼 가상화폐는 리플(XRP: Ripple)이다. 리플은 2022년 2월 초 급등세를 기록하며 화제를 몰고 온 바 있다. 680원 선에 머물러 있던 리플이 일주일 만에 1천 원대까지 급증했고 2022년 2월 11일 코인마켓캡 기준으로 970원대를 유지하고 있다. 같은 날 기준 시가총액은 약 46조 원으로 6위에 올랐다.

리플(XRP)은 은행 간 결제와 송금 기능을 하는 코인으로 1천 원 미만에 가격이 형성되어 있다. 발행 주체가 정해져 있어서 아무나 채굴할 수 없고, 발행량은 최초 발행량 1천억 개로 고정되었다.

리플은 왜 인기가 높고 화제의 중심에 올랐을까? 그 이유를 따져보자.

리플은 은행 간의 중간 결제와 송금 기능을 위해 개발된 코인이다. 독특하게도 발행 주체가 정해져 있고 아무나 채굴할 수 없는 코인으로, 블록체인 및 가상화폐의 가장 큰 특징인 탈중앙화와는 거리가 멀다. 총 발행량은 최초 발행량 1천억 개로 고정되어 있다. 그런데도 리플이 인기를 구가하는 이유는 비교적 싼 가격 때문인 것 같다. 수천만 원짜리 비트코인에 비하면 1천 원 선에 불과한 리플은 개미투자자들에게는 가격 면에서 매력적일 수 있다. 리플 가격이 싼 이유는 비트코인에 비해 발행된 코인 수가 많아서다.

리플은 리플랩스(Ripple Labs)라는 재단에 의해 가상화폐로 출시되었지만, 미국증권거래위원회(SEC)에 의해 소송을 당하며 화제에 올랐다. 리플랩스가 투자자들에게 리플을 판 행위를 보면 리플은 가상화폐가 아닌 증권에 해당한다고 본 것이다. 리플랩스가 미등록 증권을 판매함으로써 증권법을 위반

[그림 8-7] 리플 차트

※ 업비트. 2022년 2월 11일 기준.

했다는 것이 SEC이 소송을 제기한 핵심 내용이다. 그러나 소송 결과가 리플랩스 측에 유리한 방향으로 날 것이라는 예측이 우세하면서 2022년 연초에 리플 가격이 급등한 것이다.

빠르고 저렴! 국경 없는 송금

리플랩스는 2012년 제드 맥칼렙(Jed McCaleb)과 크리스 라르센(Chris Larsen)이 공동 창업한 회사다. 창업 당시 회사명은 오픈코인(OpenCoin)이었으나 그 다음 해인 2013년 리플랩스로 변경되었다. 리플랩스 창업자 제드 맥칼렙은 가상화폐 시장에서 이미 유명인사였고, 지금은 없으나 한때 잘나가던 가상화폐 거래소 마운트곡스(Mt. Gox)의 설립자이기도 했다.

리플은 앞서도 언급했지만, 은행 간 결제를 위해 개발된 블록체인 플랫폼이다. 금융기관 간 거래에서 가장 중요한 시간을 줄여주는 것이 리플의 특징이다. 비트코인은 거래 내역 검증을 위해 거래가 완료되기까지 최소 10분 이상 기다려야 하는데, 이런 시간적인 한계 때문에 금융기관 간 거래에 이용하기에는 한계가 있다. 리플은 이론적으로 거래 신청 후 완료하기까지 몇 초밖에 걸리지 않는다. 이런 처리 속도가 리플의 가장 큰 장점이다.

리플의 처리 속도가 빠른 이유는 중앙 집중화된 네트워크 덕분이다. 리플 네트워크는 블록체인상에서 거래 은행들이 서로 공동의 원장을 공유하고 이를 통해 즉시 청산을 받을 수 있다. 기존의 은행 방식은 결제 요청 통신, 결제 완료 통신, 청산 통신 등이 다 따로 진행되므로 결제 오류, 해킹 등의 위험이 있는데 리플 네트워크는 그런 위험을 차단했다. 게다가 통신 및 운영 비용을 획기적으로 감소시켰다.

리플랩스가 최초 발행한 리플코인은 앞서 말했듯이 1천억 개이며, 그중 절반도 안 되

는 물량이 시장에서 거래되고 있다. 리플의 상당수를 창립자와 리플랩스가 소유하고 있다. 비트코인도 발행량이 정해져 있지만 채굴량이 점점 줄어드는 방식을 취하는데, 리플은 이와 달리 거래 시 발생하는 수수료 0.001XRP가 소진되어 코인이 사라지는 방식으로 설계되어 있다. 만약에 리플 네트워크가 활성화되어 거래 건수가 엄청나게 증가하면, 코인 유통량이 줄어들어 리플 가격이 오를 수도 있다. 이런 한계점들을 고려하면 리플을 장기투자의 대상으로 삼기에는 신중한 태도가 필요해 보인다.

라이트코인, 빠르고 가볍다!

이번에 소개할 라이트코인(LTC: Litecoin)도 전도유망한 알트코인에 속한다. 2022년 2월 11일 코인마켓캡 기준, 라이트코인 단가는 15만 9,000원 선이며 시가총액은 약 11조 원으로 20위에 랭크했다.

라이트코인은 찰리 리(Charlie Lee)라는 구글 개발자에 의해 만들어졌다. 비트코인의 코드를 연구하던 그는 비트코인의 거래 속도가 너무 느리고 보안상 문제가 있다고 판단해 이를 보완한 새로운 가상화폐를 만들어야겠다

고 생각했다. 그리하여 2011년에 라이트코인이라는 오픈 소스 소프트웨어를
출시하기에 이르렀다.

라이트코인(LTC)은 찰리 리가 개
발해 2011년 출시된 코인이다. 비트
코인 소스 기반의 코인이지만, 비
트코인보다 4배 정도 거래 시간이
짧다.

처음에 라이트코인은 비트코인 소스를
기반으로 만들어져 별 관심을 가지지 못했
지만, 점차 장점을 인정받으면서 자신만의
영역을 구축해가고 있다. 라이트코인은 비
트코인과 구조적인 면에서 매우 유사하다.
총 발행량이 제한된 것도 둘은 같다. 그러나 10분당 하나의 블록이 생성되는
비트코인과 달리 라이트코인은 2.5분당 하나의 블록이 생성되고, 그래서 비

[그림 8-8] 라이트코인 차트

※ 업비트. 2022년 2월 11일 기준.

코린이를 위한 친절한 가상화폐 투자

트코인보다 4배 정도 거래 시간을 단축할 수 있다. 거래 비용도 거의 들지 않는다.

라이트코인의 특징은 스크립트(scrypt) 암호 알고리즘을 사용한다는 점이다. 비트코인이 사용하는 SHA-256이라는 알고리즘은 너무 복잡할 뿐만 아니라, 채굴량이 늘면서 전문 ASIC 채굴기까지 동원되는 등 고성능 GPU(그래픽카드) 컴퓨터가 필요하게 되었다. 이에 비해 라이트코인의 스크립트 알고리즘은 ASIC 채굴 방식의 저항성을 높여 PC용 컴퓨터로도 채굴을 가능하게 했다.

04

비트코인캐시, 이더리움 클래식

비트코인의 동생, 비트코인캐시

비트코인캐시(BCH: Bitcoin cash)는 이름에서 알 수 있듯이 비트코인의 동생 같은 코인이다. 2017년 8월 1일 비트코인 블록체인에서 하드포크(hard fork)되어 비트코인캐시가 새롭게 나타났다. 하드포크란 블록체인을 인위적으로 두 개로 분할하는 작업을 말한다. 일반적으로 기존의 블록체인에 막대한 영향을 줄 정도로 큰 변화가 발생하는 경우 하드포크가 진행된다.

비트코인캐시로의 하드포크는 비트코인의 478,559번째 블록에서 발생했다. 478,558번 블록까지는 비트코인캐시도 기존의 비트코인 블록체인을 공유한다. 478,558번 블록까지 기존 비트코인을 보유하고 있던 사용자들은 보유하고 있던 비트코인과 같은 양의 비트코인캐시를 지급받게 되었다.

비트코인캐시 단가는 2022년 2월 11일 코인마켓캡 기준 40만 원대이며 시

[그림 8-9] 비트코인캐시 차트

※ 업비트. 2022년 2월 11일 기준.

가총액은 7조 원가량으로 26위에 랭크되었다.

빠른 처리 속도와 낮은 수수료

비트코인과 비트코인캐시의 가장 큰 차이점은 블록 용량의 크기이다. 비트코인캐시 네트워크의 블록 용량은 8MB로 1MB의 비트코인의 블록 용량보다 8배나 크다. 당연히 한 블록에 들어가는 거래 처리량도 대폭 늘어나면서 기존 비트코인보다 낮은 수수료로 더 많은 거래를 좀 더 빠르게 처리할 수 있게 되었다. 비트코인캐시는 궁극적으로 초당 4천 건의 거래를 성사시키는 것을 목표로 한다고 밝힌 바 있다.

비트코인캐시가 블록 용량을 이렇게 늘릴 수 있는 것은 비트코인 ABC(Bitcoin ABC) 기술 덕분이다. 이렇게 블록 용량을 늘린 것은 비트코인 뒤에 붙은 캐시라는 명칭에서도 알 수 있듯이 현실 세계에서 현금처럼 사용하기 위한 목적인 듯하다.

비트코인캐시는 비트코인 블록체인을 기반으로 하기 때문에 비트코인의 장점들을 그대로 유지한다. 발행량도 비트코인과 같아서 2,100만 개로 한정적이다. 발행량이 정해졌다는 것은 수요에 따라 가격 상승 가능성이 열려 있다는 긍정적인 신호이다. 비교적 늦게 탄생한 코인이나 시중에 많은 양이 유통되고 있는 것 또한 장점이라고 할 수 있다.

다만, 비트코인캐시는 소수 채굴자들이 그들의 이익을 위해 독점력을 가지고 만든 것이라고 걱정하는 사람이 많다. 실제 프리 마이닝(Pre Mining)을 통해 엄청난 양의 비트코인캐시를 소수가 확보한 것으로 알려져 있다. 상장되고 약 한 달 동안 채굴된 양의 97퍼센트가 2개의 지갑 주소로 전송된 것이 그런 걱정을 가중시키기도 했다.

비트코인캐시는 비트코인의 아류작이라는 인식도 있다. 따라서 앞으로 운명이 어찌 될지는 지속적으로 뉴스를 체크해보는 것이 좋겠다.

이더리움 클래식, 그 밖의 알트코인

이더리움 클래식(ETC: Ethereum Classic)도 비트코인캐시처럼 하드포크를 통해 생겨난 가상화폐이다. 다만 비트코인캐시가 신생 블록체인을 사용한다면, 이더리움 클래식은 '클래식'이라는 말이 의미하듯이 하드포크 이전의 블록체인을 사용한다는 차이가 있다. 즉 이더리움 클래식은 하드포크 이전의 블록체인을 사용하고, 하드포크 이후 새롭게 생성된 신생 블록체인은 이더리움이 사용한다.

이더리움 클래식 단가는 2022년 2월 11일 코인마켓캡 기준 4만 4,000원 선이고 시가총액은 5조 8억 원대로 33위에 랭크되어 있다.

이더리움이 이더리움 클래식보다 많은 관심을 끄는 것은 사실이다. 그러나 이더리움 클래식도 이더리움이라는 훌륭한 플랫폼을 기반으로 한다는 점을 간과할 수는 없다. 이더리움 클래식도 이더리움만큼이나 활발하게 거래되고 있는 것으로 보아 앞으로 꾸준한 성장세를 기대해볼 수 있다.

> 이더리움 클래식은 이더리움에서 하드포크된 코인이다. 다만 하드포크되기 이전의 블록체인을 사용한다. 하드포크 이후 생성된 블록체인은 이더리움이 사용한다.

그 밖에도 알트코인의 종류는 무수히 많다. 최근 각광을 받고 있는 종목으로는 모네로(XMR: Monero), 대시(DASH: Dash), 네오(NEO: NEO), 도지코인(DOGE: Dogecoin) 등이 있다. 각각에 대한 자세한 정보는 거래소 사이트에서 확인해보기 바란다.

[그림 8-10] 이더리움 클래식 차트

※ 업비트. 2022년 2월 11일 기준.

05 스테이블 코인

1달러로 가격 고정!

스테이블 코인(Stable Coin)이란 기존의 화폐나 실물자산에 연동시킴으로써 가격 안정성을 보장하는 가상화폐를 말하며, 말 그대로 가격이 안정적이다. 스테이블 코인의 가격은 일반적으로 1토큰이 미화 1달러에 해당하며 미국 달러를 기준으로 사용된다. 화폐가치가 1달러에 고정되기 때문에 가격 변동성이 큰 비트코인이나 이더리움 같은 다른 가상화폐보다 결제 수단으로 사용하기에 적합하다. 뒤에서 설명하겠지만, 개당 한화 1원으로 고정된 스테이블 코인도 있다.

스테이블 코인의 가격 고정 원리는 금본위제로 이해하면 쉽다. 금본위제에서는 금 가격이 언제 어디서든 동일한데, 같은 원리

> 스테이블 코인은 가격이 고정된 코인을 뜻한다. 개당 1달러, 혹은 1원으로 고정해 화폐의 교환 기능을 구현하려고 한다.

로 스테이블 코인 가격을 고정시키는 것이다. 특정 자산을 담보로 토큰을 발행하고 그 토큰을 발행처로 가져오면 언제든지 1토큰을 1달러로 교환할 수 있도록 하는 것이다. 현재는 법정화폐를 담보로 한 스테이블 코인이 더 늘어날 것으로 보이지만, 담보의 종류에 따라 유형이 나뉘고 각 코인의 신뢰도에도 차이가 있다.

법정화폐 담보형, 테더

담보 자산의 종류에 따라 스테이블 코인은 법정화폐(실물자산) 담보형, 가상자산 담보형, 무담보형으로 구분된다. 법정화폐 담보형 스테이블 코인의 대표 주자로는 테더(USDT: Tether)가 있다. 1테더는 1달러의 가치를 가진다. 테더 가격이 고정된 이유는 테더사가 보유한 달러의 양만큼 테더를 발행하기에 그렇다.

테더코인은 개당 1달러에 고정된 화폐다. 2014년 가장 먼저 발행되어 거래량과 시가총액이 빠르게 성장하고 있다. 비트코인과 함께 가상화폐 기축통화 역할을 한다.

테더는 스테이블 코인 중 2014년에 가장 먼저 발행한 선점 효과로 인해 시가총액 100억 달러를 넘겼고 발행량이 급증하고 있다. 테더는 시가총액의 증가 속도가 빠르며, 가상자산과 법정화폐 간의 게이트웨이 역할을 해주는 기능성도 뛰어나다.

테더사는 달러가 확보되면 테더를 추가 발행하고 가상화폐 거래소로 전송한다. 테더는 다른 가상자산을 구매하는 데 주로 사용되는데, 비트코인과

[그림 8-11] 테더의 가격과 거래량

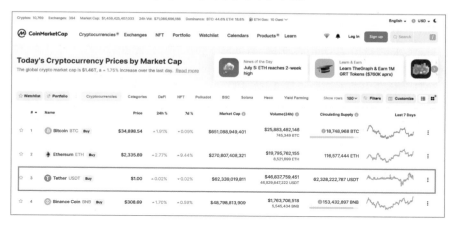

※ 코인마켓캡(https://coinmarketcap.com/ko/)

함께 가상화폐 거래소의 기축통화 역할을 하고 있다.

　그런데도 테더는 완전한 신뢰를 받지는 못하는데, 중앙통제형 가상화폐여서 그렇다. 발행사가 시가총액만큼 달러를 제대로 보유하고 있는지에 대한 의구심부터 회사의 운영에 대한 의심까지 완전히 해소되지 않은 부분이 있다.

　그런 의구심을 의식했는지 테더는 홈페이지에서 투명성 보고서를 통해 관련된 정보를 제공하고 있다. 그러나 이 역시 테더사가 제공한 정보이고 예치금에 대한 명확한 감사가 부족하다는 점은 여전히 논란이 된다. 그런데도 테더는 가상화폐 시장에서 압도적인 우위를 점하고 있는 것이 사실이다.

가상화폐 담보형 & 무담보형

가상화폐 담보 스테이블 코인은 이와는 메커니즘이 달라서 담보 자산을 특정 회사가 보유하는 게 아니라, 스마트 컨트랙트 계정에 보관한다. 테더가 중앙화된 시스템에 의해 문제가 되었다면, 가상화폐 담보 코인은 스마트 컨트랙트로 프로그래밍해둠으로써 그런 문제점을 없앴다. 즉, 발행 기관을 스마트 컨트랙트로 대체하는 것이다. 이때 법정화폐를 스마트 컨트랙트에 전송할 수는 없으므로 이더리움 같은 가상화폐를 담보로 하게 된다.

> 테라는 무담보형 스테이블 코인으로 1테라는 한화 1원으로 가격이 고정되었다. 테라의 가격 안정화 메커니즘을 유지하기 위해 루나(LUNA)라는 듀얼 코인을 발행하고 있다.

그런데 가상화폐를 담보로 할 경우에도 문제가 있는데, 가격 변동성이 큰 가상화폐 특성상 담보 가치가 계속 바뀐다는 점이다. 그래서 담보 자산인 가상화폐 가격이 하락하면 초과 담보화를 하게 되는데, 이때 초과 담보화 비율은 해당 가상화폐의 변동성과 유동성에 따라 차등이 생긴다.

이 같은 가상화폐 담보형 스테이블 코인은 급전이 필요한 사람들이 주로 이용한다. 보유 자산이 이더리움인데 당장 현금이 필요하면 이자를 감수하더라도 이를 담보로 잡고 스테이블 코인으로 대출을 받아 급전을 해소하는 방식이다.

담보를 설정하지 않는 스테이블 코인도 있는데, 이런 코인은 알고리즘 방식을 띤다. 무담보형 스테이블 코인의 대표적인 예로 테라(LUNA: Terra)가 있다. 테라는 각국 화폐의 가격에 연동되어 있으며 우리나라에서 가장 활발하게 거래되고 있다. 원화에 연동된 1테라(KRT)는 1원(KRW)의 가치를 유지하도록 설계되었다. 테라의 가치를 유지하기 위해 '루나(LUNA)'라는 듀얼 코인을 발행함으로써 가격 안정화 메커니즘을 구성한다.

요컨대 테라는 가상화폐의 수요와 공급을 조절해 가격을 유지하는 방식을 취한다. 1테라가 시장에서 거래 수단으로 많이 사용되면 테라 네트워크에 수수료 수입이 생기고 그 수수료 수입이 루나 코인을 보유 중인 소유자들에게 분배된다. 테라가 많이 사용되면 그만큼 루나의 가치가 오르는 원리로 테라의 가격이 유지되는 알고리즘을 구성한 것이다.

[그림 8-12] 테라와 루나의 가격 상관관계

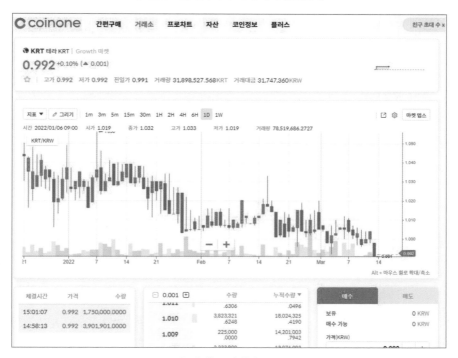

① 테라(Terra) 원화 가격

② 루나(LUNA) 원화 가격

※ 코인원 2022년 3월 14일 기준.

코린이를 위한 친절한 가상화폐 투자

Part 3

실력 UP! 코린이를 위한 알짜 전략:
"돈 벌 준비 끝!"

차트 분석, 고급 매매 전략

9장에서는 실제 코인 투자에서 많이 활용하게 될 차트 분석 기법에 대해 설명하고 있습니다. 차트 분석의 기본이 되는 캔들차트의 의미와 패턴을 보고 향후 가격 흐름을 파악하는 방법까지 살펴봅니다. 실제 차트에서 흔히 볼 수 있는 패턴들과 그 의미, 향후 매수 및 매도 전략까지 자세히 적었습니다. 차트는 어디까지나 과거의 이력을 반영하는 것에 불과하므로 미래를 정확히 맞춘다고 할 수 없습니다. 그러나 미래를 참고하는 데는 분명 도움이 될 것입니다. 거래소 매매시스템상에서 여러 투자 지표를 추가해 매매 전략을 짜는 방법도 알아봅니다. 이동평균선, 추세선, MACD, 스토캐스틱, 볼린저밴드 지표를 추가하는 방법, 각 지표를 분석해서 매매 전략을 수립하는 방법들을 설명합니다. 이외에 공포-탐욕 지수 등 투자 수익률을 높여줄 다양한 지수들도 소개했습니다.

9장

코인 차트 분석 기법

01 차트 분석은 왜 하는 걸까?

단기투자자라면 필수

차트는 코인의 과거를 보여주는 도구다. 특정 코인의 캔들차트 또는 봉차트를 보면 그 종목의 과거 가격 추세와 함께 최고가와 최저가를 확인할 수 있다. 바로 어제의 시가·종가, 최고가·최저가도 알 수 있다.

그럼 과거를 보고 미래를 예상할 수 있을까? 과거는 그저 과거일 뿐일까? 여기에 대한 답은 사람마다 다를 수 있지만, 나는 과거로 미래를 어느 정도 예상할 수 있다고 본다. 과거의 흔적은 코인의 미래를 예측하는 확실한 자료라고 믿는다. 어린 시절의 모습이나 태도, 기질을 보면 그 사람의 미래를 예상할 수 있는 것과 같은 이치로 말이다.

해당 코인이 오래전부터 상승세를 이어왔고 거래량도 꾸준히 유지되었다면 당분간 상승세를 유지할 것으로 예상하는 것은 타당하다. 지속적으로 하

코린이를 위한 친절한 가상화폐 투자

락세인 코인은 특별한 호재 없이는 반등하기가 어렵다. 설령 반등한다고 해도 본전치기를 하려는 투자자들의 매도로 인해 금세 주저앉고 말 것이다.

차트 분석은 단기적으로 더 큰 의미가 있다. 추세와 패턴을 조금만 분석할 줄 알면 언제 매수하고 매도해야 할지를 나름대로 판단하는 기준이 세워진다. 이익은 최대화하고 손실은 최소화할 수 있는 시점을 잡는 데는 코인 차트만 한 것이 없다.

장기적인 가치투자자라면 해당 프로젝트의 내재가치를 정밀하게 따져볼 필요가 있다. 거래소 홈페이지에 소개된 상장 검토보고서 또는 상장 명세서, 재단 홈페이지에 소개된 로드맵을 꼼꼼히 분석해야 한다. 이외에도 7장을 참고해 가상자산의 내재가치를 면밀히 검토해야 한다. 시장이 효율적이라고 가정할 때 코인 가격은 장기적으로 예상 미래가치, 즉 적정 수준의 가격에 수렴할 것이기 때문이다. 기관투자자나 외국인투자자들은 바보가 아니다. 프로젝트의 예상 미래가치에 비해 현재 가격이 저가라면 그들은 분명 그 코인을 매수한다. 이런 매수세의 영향으로 코인 가격은 적정 가격에 수렴하게 된다. 그 기간이 얼마나 걸리는지가 문제일 뿐이다.

단기적으로는 프로젝트의 예상 미래가치와 현재의 가격은 끊임없이 괴리된다. 두 가

> 차트는 해당 종목의 과거를 말해준다. 따라서 차트 분석은 종목의 과거를 통해 미래를 예측하는 기법이다. 데이트레이딩에 차트 분석은 필수이다.

격이 일치하는 것 자체가 말이 안 된다. 오늘의 그 종목이 내일 어떤 이슈 때문에 어느 방향으로 튈지 알 수 없다. 이런 단기적인 변동성을 백서나 상장 명세서 및 로드맵 등으로는 포착하기 힘들고, 매일 실시간으로 나오는 코인 차트상의 가격 정보가 훨씬 도움이 된다. 데이트레이딩을 하는 단기투자

자들에게 차트가 필수 도구인 이유이다.

차트 분석의 기본, 캔들차트

> 차트의 기본은 캔들차트로 시가, 종가, 최고가, 최저가 4가지 요인에 의해 다양한 패턴을 만들어낸다. 몸통의 길이는 가격 상승폭을, 차트의 색은 상승과 하락을 말해준다.

코인 투자에서 사용되는 차트는 주식투자의 차트와 기본적으로 같다. 주식투자자들은 코인 투자에서도 같은 방식으로 차트 분석을 하면 된다. 먼저, 캔들차트의 기본 패턴에 대해 이해해보자.

캔들차트는 시가, 종가, 최고가, 최저가 총 4가지의 요인에 의해 다양한 패턴을 만들어낸다. 그 기본 패턴을 알아두면 시장의 흐름과 코인 가격의 단기적 흐름을 예측할 수 있다. 단기적으로 매매 포인트를 잘 포착하려면 캔들차트의 기본 패턴을 자주 분석해보는 훈련이 필요하다.

캔들차트의 몸통 부분은 일정 기간의 코인 가격의 상승과 하락폭을 보여준다. 시가와 종가의 차이가 몸통의 길이로 나타내는데, 이를 통해 장이 얼마에 시작해서 얼마에 마감했는지를 알 수 있다. 고가선과 저가선을 통해서는 코인 가격의 총변동 범위를 파악할 수 있다. 고가와 저가 사이의 차이가 크면 클수록 코인 가격의 상승과 하락폭이 크다는 뜻이다.

여러 개의 개별 차트가 모여 코인 가격의 특정한 패턴을 만들어내는데, 이를 분석해서 코인 가격의 전환 시점을 찾아내는 게 차트 분석의 기본이다. 개별 차트의 모양에서는 시장의 매입 세력과 매도 세력의 심리와 의도를 파

[그림 9-1] 캔들차트의 기본 의미

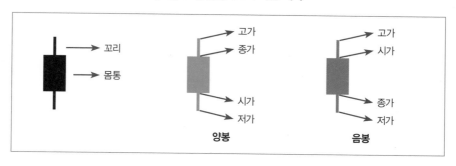

악할 수 있다. 재미있는 점은 같은 모양의 캔들차트라 해도 시장 상황에 따라 의미하는 바가 다르며 원인도 다양하다는 것이다. 캔들차트의 모양에 대해 구체적으로 알아보자.

캔들 모양의 기초 이해

이 캔들은 시가와 저가가 일치하고 종가와 고가가 일치하는 패턴이다. 매입 세력이 강하다는 의미이고, 특히 긴 상승선이 저가권에서 나타나면 방향 전환이 되는 경우도 생긴다. 강한 매수세라고 보면 된다.

이는 시가와 고가가 일치하고 종가와 저가가 일치하는 패턴이다. 매도 세력이 강하다는 의미이고, 하락세도 강력해서 코인 가격이 급락할 가능성이 있다. 고가권에서 긴 하락이 나타나면 방향 전환이 되는 경우가 발생한다.

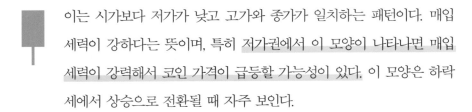

이는 시가보다 저가가 낮고 고가와 종가가 일치하는 패턴이다. 매입
세력이 강하다는 뜻이며, 특히 저가권에서 이 모양이 나타나면 매입
세력이 강력해서 코인 가격이 급등할 가능성이 있다. 이 모양은 하락
세에서 상승으로 전환될 때 자주 보인다.

이는 시가와 고가가 일치하고 종가가 저가보다는 높은 경우이다. 하
락세이기는 하나 저가권에서 이 모양이 나타나면 코인 가격이 반등
할 가능성도 있다.

이는 시가와 저가가 일치하고 고가보다는 종가가 낮을 때 보이는 패
턴이다. 상승세이기는 하지만 고가에서 매도 세력의 압력이 있다는
뜻이다. 고가권에서 이 모양이 발견되면 코인 가격이 다시 하락할 우
려가 있다.

이는 시가보다 고가가 높고 종가와 저가가 일치할 때 보이는 패턴이
다. 하락세가 강하다는 것을 의미한다. 고가권에서 이 모양이 발견될
경우 코인 가격이 하락할 가능성이 크다. 코인 가격이 상승에서 하락
으로 전환될 때 자주 발생하는 패턴이다.

이 모양은 시세의 전환점을 의미하는 경우가 많다. 저가권에서는 코인 가격이 반등할 가능성이 크고 고가권에서는 코인 가격이 하락할 가능성이 크다. 이 모양은 매입 세력과 매도 세력이 서로 균형 있게 대립하는 상태라고 볼 수 있다.

차트 용어 총정리

캔들차트의 기본 패턴을 이해하기에 앞서 용어부터 정리해보자. 앞으로 장대, 단대, 음봉, 양봉 이 네 가지 용어의 조합을 보게 될 것이므로 이 의미를 명확히 이해하고 시작하자. 장대는 긴 막대, 단대는 짧은 막대, 음봉은 파란색 막대, 양봉은 빨간색 막대를 가리킨다.

장대음봉

장대음봉은 시가와 종가의 등락폭이 커서 몸통이 상대적으로 길게 나타나는 형태다. 이는 하락장일 때 계속 하락이 유지되는 경향을 보이지만 하락세가 절대적인 것은 아니다. 장대음봉 이후 코인 가격이 상승하는 경우도 있으므로 향후 코인 가격의 추이를 관찰하면서 매매에 임하는 것이 좋다.

장대양봉

장대양봉은 시가와 종가의 등락폭이 커서 몸통이 상대적으로 긴 형태 가운데 양봉을 말한다. 상승 장에서 장대양봉이 나타난다면 코인 가격 상승이 지속될 가능성이 크지만, 섣불리 판단해서는 안 된다. 이 패턴만 보고 매매 하기보다는 향후 코인 가격의 추이를 관찰하면서 매매에 임하는 것이 좋다.

단대음봉

단대음봉은 시가와 종가의 등락이 작아서 몸통 이 상대적으로 작은 음봉을 말한다. 이는 애매한 캔들에 속하며 이 형태만 보고서는 매매를 결정 할 수 없다. 다만, 전날 장대음봉이 발생한 다음 하락 갭을 보이며 단대음봉이 생겼다면 장세 전환이 임박했다는 신호로 받 아들일 수 있다. 이후 장세 전환 패턴이 완성된 뒤에 매매하는 것이 좋다.

단대양봉

단대양봉은 시가와 종가의 등락폭이 작아 몸통이 짧은 양봉을 말한다. 이 형태만 가지고는 매매를 판단하기 어려우며, 전날 장대양봉이 발생한 다음

상승 갭을 하며 단대양봉이 발생했다면 장세 전환이 임박한 신호 정도로 판단할 수 있다. 이후 장세 전환을 확인한 뒤 매매에 임하는 것이 바람직하다.

위꼬리 양봉

위꼬리 양봉은 시가와 저가가 같아서 아래쪽 꼬리가 없는 형태의 양봉으로, 종가보다 고가가 높아 꼬리가 위로 솟아 있다. 이는 코인 가격의 강한 상승세를 나타내는 패턴이다. 시장에서 이 패턴이 나타나면 완전양봉(꼬리가 전혀 없는 양봉)보다는 약하지만 지속적으로 코인 가격이 상승하리라고 예상해볼 수 있다.

위꼬리 음봉

위꼬리 음봉은 시가와 고가가 같아서 몸통 위쪽으로는 꼬리가 없고 종가보다 저가가 낮은 음봉에 해당하며, 꼬리가 밑으로 축 늘어진 모양을 한다. 이는 하락장을 지속하는 신호로 여겨지지만 완전음봉(꼬리가 전혀 없는 음봉)에 비해서는 하락세가 약한 편이다.

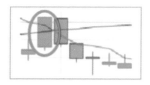

밑꼬리 양봉

밑꼬리 양봉은 종가와 고가가 같고 시가가 저가보다 다소 높을 때 나타나는 양봉이다. 아래쪽 꼬리 부분이 몸통보다는 작은 형태인데, 강한 코인 가격 상승세를 의미하는 패

코린이를 위한 친절한 가상화폐 투자

턴으로 해석된다.

밑꼬리 음봉

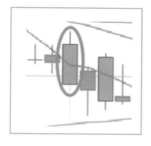

밑꼬리 음봉은 종가와 저가가 같으며 몸통 아래의 꼬리는 없는 음봉이다. 시가보다 고가가 높아서 몸통 위쪽으로 꼬리가 나 있으며 꼬리는 몸통에 비해서 짧다. 코인 가격이 하락하는 신호로 여겨지며 하락세를 지속하는 패턴이다.

완전양봉

완전양봉은 종가와 고가가 같고 저가와 시가가 같아서 몸통만 있고 꼬리가 없는 양봉을 말한다. 이는 매우 강한 상승장세를 보여주는 형태로 상승 지속형 패턴으로 해석된다. 간혹, 상승 국면의 마지막에 출현해 하락을 예고하기도 하므로 주의해야 한다.

완전음봉

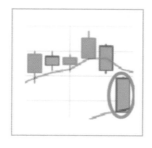

완전음봉은 시가와 고가가 같고 저가와 종가가 같은 경우에 보이는 음봉이다. 매우 취약한 하락장을 보이는 형태로 종종 하락 지속형 패턴으로 해석된다. 가끔은 하락 국면의 막바지에 투매를 나타내고 강세 전환 패턴의 첫날에 나타나기도 하므로 주의해야 한다.

개별 캔들차트 분석

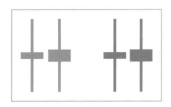

위아래 길쭉이

위아래 길쭉이는 몸통보다 위아래 꼬리가 길게 생긴 양봉 또는 음봉이다. 몸통은 위아래 꼬리의 중간쯤에 있는 형태다. 위아래 길쭉이는 상승과 하락의 힘이 대등해 시장을 예측하기 어려운 상태라고 보면 된다.

정망치

정망치는 몸통 위에는 꼬리가 거의 없고 아래 꼬리가 매우 긴 양봉 또는 음봉에 해당한다. 하락장에서 정망치가 나타나는 경우 매도세가 강하다는 뜻이고, 시장이 거의 바닥을 쳤고 이후 상승세로 돌입할 수 있다는 신호이기도 하다. 만약 하락세에서 코인 가격이 바닥권일 때 이런 정망치 캔들차트가 발견된다면 매수 신호로 볼 수 있다.

역망치

역망치는 몸통 아래에는 꼬리가 거의 없고 위 꼬리가 굉장히 길게 난 양봉 또는 음봉에 해당한다. 역망치가 하락장에서 발견될 경우 상승 반전을 예상해볼 수 있고, 반대로 상승세에서 발견되면 하락 반전의 신호다. 즉, 역망치는 반전의 대왕이라고 봐도 무방하다. 역망치는 상승세에서는 매도 신호로, 하락세의 바닥권에서는 매수 신호로 보면 된다.

수평이

수평이는 시가와 종가, 고가와 종가의 가격이 모두 같아서 수평선 모양이 되는 양봉 또는 음봉에 해당한다. 수평이는 코인 가격이 움직이지 않는 형태로서 이후 가격을 종잡을 수 없다. 이 패턴이 나타날 때는 투자의사 결정에 신중해야 한다.

위로 삐죽이

위로 삐죽이는 종가와 시가와 저가가 같으며 위꼬리가 긴 양봉 또는 음봉에 해당한다. 시가 이후 코인 가격이 상승세를 보이다가 장 마감 시점에 다시 시가로 수렴한 것을 알 수 있다. 위로 삐죽이가 상승 추세의 고점에서 발생할 경우 코인이 하락할 신호이며, 위꼬리가 길수록 하락세는 강하다. 만약 하락 추세에서 위로 삐죽이가 발생한다면 상승세로 반등할 수 있다는 의미다. 이럴 때는 매수를 고려해보아야 한다.

아래 삐죽이

아래 삐죽이는 시가, 종가, 고가가 모두 같아서 아래로 꼬리가 길게 나온 양봉 또는 음봉이다. 아래 삐죽이가 하락세의 바닥권에서 발생하면 보통 상승 반전의 신호로 볼 수 있고, 반대로 상승세에서 발생하면 하락 반전의 신호로 볼 수 있다.

2개 이상의 캔들차트 분석법

지금까지 캔들차트의 개별 모양의 의미를 살펴보았다. 이제부터는 이런 차트들이 두 개 이상 중첩되었을 때 어떻게 장세를 읽어내야 하는지를 살펴보고자 한다. 복잡한 시장의 움직임에서 개별 캔들차트만 가지고 투자를 결정하는 것은 무리이고, 여러 차트들 간의 관계를 분석하면 좀 더 안정적인 투자에 임할 수 있다.

잉태형 패턴

먼저 잉태형 패턴부터 살펴보자. 뒤쪽 캔들이 앞쪽보다 크고 우람해 앞에 있는 캔들을 품는 모양새여서 '잉태형'이라는 이름을 붙였다. 잉태형 패턴이라면, 주의 깊게 살펴봐야 한다.

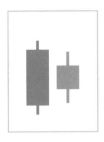

코인 가격이 전날은 하락하는 장대음봉이었다가 다음 날은 상승하는 단대양봉인 캔들차트이다. 전날 캔들이 다음 날 캔들을 품는 잉태형이다. 하락세이던 코인이 상승세로 반전할 수 있음을 보여준다. 하락 추세일 때 이런 모양이 나타난다면, 몸통이 클수록 더욱 분명한 상승 반전을 예상해볼 수 있다.

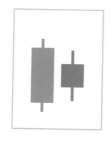

전날은 장대양봉이었다가 다음 날은 단대음봉이 발생한 경우로, 양봉이 음봉을 품고 있는 잉태형이다. 상승 추세에서 이런 잉태형이 나타나면 하락 반전세로 전환하는 신호로 해석될 수 있다. 음봉이 작을수록 하락세는 깊어진다.

천장 또는 바닥을 치는 패턴

이제 좀 더 재미있는 모양을 살펴보자. 천장을 치고 코인 가격이 내려오거나 바닥을 치고 코인 가격이 올라갈 것을 암시하는 패턴이다.

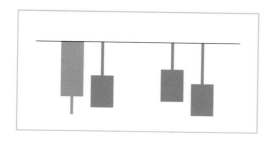

천장인 고점이 일치하는 패턴이다. 고가를 저항선으로 해서 이를 넘어서지 못하고 코인 가격이 떨어질 것임을 보여준다. 이런 패턴이 발견되면 매수해봐야 손실만 보게 되니 매도하는 것이 낫다.

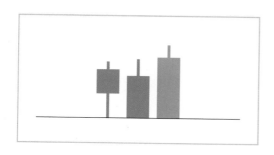

이번에는 반대로, 여러 캔들이 저가를 뚫고 내려가지 못하는 패턴이다. 저점이 일치하는 모양새로 저점을 지지선으로 해서 반등하고 코인 가격이 상승

할 수 있는 신호로 볼 수 있다. 코인 가격 상승이 강력히 예상되는 만큼 매수 시점이다.

하락 반전 패턴

가끔 코인 가격이 상승하는 도중 갑자기 하락하는 경우가 있는데, 이를 말해주는 패턴에 대해 살펴보자. 하락 반전을 예고하는 이런 패턴이 나타날 때 매도할 시점인지는 정확하지 않지만, 상승에서 하락으로 전환되는 패턴임에는 분명하다.

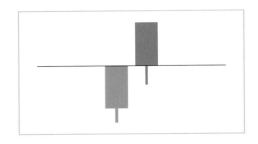

전날의 양봉 종가 및 고가가 다음 날 음봉의 종가와 일치하지만, 고가와 시가는 한참 위에 있을 때 나타나는 캔들차트이다. 상승세를 탄 코인 가격은 하락 반전을 하며, 이 패턴 이후 다음 날 종가가 더 낮은 지점에서 형성되면 하락세를 탄 것으로 볼 수 있다.

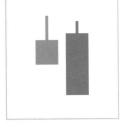

전날의 단대양봉이 오늘의 장대음봉을 품는 형태로 상승에서 하락으로 전환되는 것이 좀 더 명확히 나타나는 차트이다. 전날의 코인 상승세를 다음 날의

하락세가 장악한 경우다. 상승 추세에서 이런 패턴이 발생했다면 코인이 하락세를 탈 가능성이 매우 크다. 상승 추세의 고점에서 이런 패턴이 나오면 분명히 하락 반전하게 돼 있으니 매도 시점이다.

상승 반전 패턴

장대음봉에서 장대양봉으로

앞에서 본 패턴보다 양봉의 몸통이 훨씬 길어지고 종가도 높게 형성되었다. 오늘의 고가가 전날의 고가와 근접하면서 종가도 상당히 위에 형성되어 하락에서 상승으로 반전될 가능성이 앞의 패턴보다는 크다. 만약 이런 패턴이 하락세의 바닥권에서 보인다면 다시 코인 가격이 반등해 상승세로 갈 것을 예상해볼 수 있다.

단대음봉에서 장대양봉으로

이 패턴은 좀 더 확실한 상승세임을 말해준다. 전날의 코인 가격 하락을 보인 음봉이 다음 날 코인 가격 상승을 보이는 양봉에 먹힌 모양새로, 코인 가격의 하락이 있다가 제대로 코인 가격이 상승했음을 보여준다. 만약 코인 가격이 하락 추세에 있다가 일정한 시기를 지나 이런 패턴을 보인다면 코인 가격의 상승세를 예상해볼 수 있다. 상당 기간 하락세를 이어오다가 갑자기 이런 패턴이 발생한다면 매수 시점이라고 볼 수 있다.

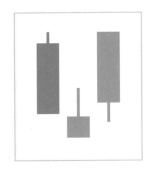

위꼬리 음봉, 역망치, 밑꼬리 양봉

위꼬리 음봉 이후 역망치 양봉이 나오고 다음 날 최종적으로 밑꼬리 양봉을 보이는 캔들차트이다. 초기에 지나치게 낮은 가격으로 매도한 것을 꺼려 양봉으로 돌아섰다가, 결국 긴 몸통의 양봉으로 전환돼 코인 가격이 상승 반전한 것이다. 오랜 코인 하락세 이후 이런 패턴이 발견된다면 매수 시점이라고 볼 수 있다.

매매를 보류해야 할 애매한 패턴

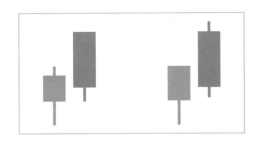

양봉에서 음봉으로

전날은 양봉이었다가 오늘은 음봉으로 바뀌었다. 문제는 음봉의 길이가 길어진 것인데, 전날의 가격 범위보다 음봉이 높게 형성되어 있다는 점이다. 종가는 하락했지만 음봉이 더 위에 위치한 것은 사실이다. 이 경우 종가가 낮을수록 하락 반전일 가능성이 높지만 아직 섣불리 판단하기는 힘들다. 만약 상승세의 최고점에서 이런 패턴이 발생했다면 하락 반전으로 매도할 시점이지만 단정하기는 어렵다.

음봉에서 양봉으로

전날 캔들은 음봉이고 오늘 캔들은 양봉인 경우로 얼핏 보면 상승 전환처럼 보인다. 그러나 조심해야 할 점은 양봉이 음봉보다 낮게 형성돼 있다는 사실이다. 전날 종가와 오늘 종가의 차이가 크지 않기 때문에 완전히 상승세에 접어들었다고 보기에는 애매하다. 하락 추세의 맨 밑바닥에서 이런 패턴이 보인다면 향후 코인이 상승할 것으로 예측해도 크게 무리는 없지만, 아직은 불안한 것이 사실이다.

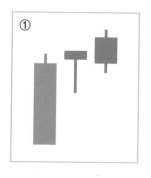

조금 애매한 패턴 ①

코인이 가격 상승세를 이어가다가 몸통이 긴 양봉이 발생한 뒤 두 개의 음봉을 만들어내면서 최종적으로 종결하는 패턴이다. 이는 최근의 음봉이 코인 가격 하락을 견인하는 듯 보이지만, 아직 완전한 하락세로 판단할 수는 없다. 종가가 높게 형성되어 있기 때문에 이후 추세를 지켜보고 매매 시점을 잡는 것이 현명하다.

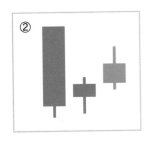

조금 애매한 패턴 ②

이와 반대로, 코인 가격이 하락세를 보이다가 상승세로 반등하는 듯 보이지만 주의를 기울여야 하는 패턴이다. 코인이 가격 하락세를 이어오다가 음봉이 연속으로 두 번 발생하고 상승 갭을 일으키면서 마무리하고 있다. 하락세에서 상승 반전을 예고하는 신호로도 볼 수 있지만, 완전한 상승세라고 보기에는 종가가 그다지 높지 않으므로 좀 더 지켜볼 필요가 있다.

적삼병과 흑삼병

적삼병은 강력한 상승세를, 흑삼병은 강력한 하락세를 예측할 수 있는 패턴이다. 각각에 대해 살펴보고 변형된 패턴에 대해서도 살펴보자.

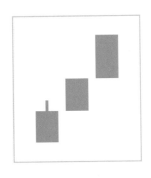

적삼병 패턴

3개의 양봉 종가가 지속적으로 급등하면서 상승패턴을 만드는 이것이 전형적인 적삼병 패턴이다. 마치 계단을 타고 코인 가격이 올라가는 것 같은 어마어마한 모양이다. 만약 이런 패턴이 하락 추세 끝에 발견된다면 코인 가격의 상승 추세를 강하게 예측해볼 수 있다. 코인 가격이 꾸준히 상승할 전조 증상이다. 적삼병은 꼬

코린이를 위한 친절한 가상화폐 투자

리가 짧고 몸통이 클수록 코인 가격을 더 끌어올리는 힘을 지닌다.

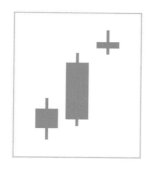

변형된 적삼병 패턴

이는 적삼병 가운데서도 조금 극단적인 경우로 현실에 많이 나타나는 형태다. 전날과 전전날에 비해 오늘의 캔들은 몸통이 짧고 위에 붕 떠 있는데, 이렇게 붕 뜬 것을 상승 갭이라고 한다. 이런 상승 갭을 보이면 몸통이 큰 세 덩어리로 이루어진 앞의 적삼병에 비해 상승세를 지속할 힘이 모자란다고 볼 수 있다.

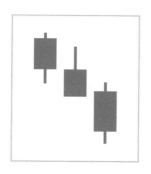

흑삼병 패턴

적삼병의 반대인 흑삼병 패턴이다. 흑삼병 패턴은 세 개의 음봉이 연속적으로 하락하면서 코인 가격 하락세를 이어가는 특징이 있다. 매일의 종가가 폭락하면서 코인 가격을 끌어내리므로 강력한 하락세로 볼 수 있다. 꼬리가 짧을수록 가격 폭락세는 더욱 크다. 만약 코인 가격 상승세에서 이런 패턴을 만나면 코인 가격이 하락세로 접어들 것을 예상할 수 있다.

변형된 흑삼병-하락 반전 ①

최근의 종가가 전날 종가와 전전날 종가보다 훨씬 낮게 형성된 이 패턴은 코인 가격이 하락세에 들어섰음을 암시한다. 만약 오랜 상승세 속에서 이러한

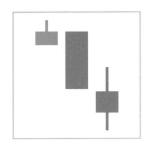

패턴이 나타난다면 하락 반전이 일어날 것을 예상해볼 수 있다. 이때는 매도 시점으로 보아도 될 것이다.

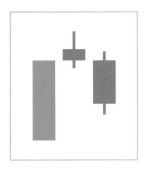

변형된 흑삼병—하락 반전 ②

긴 몸통의 양봉을 보인 이후 그다음 날은 작은 몸통의 역망치 음봉을, 그다음 날은 장대음봉이 아래에 형성되는 패턴이다. 만약 이런 패턴이 코인 가격 상승기에 발생하면 코인 가격의 하락 반전 신호로 볼 수 있다. 이는 분명한 매도 시점이다.

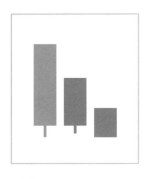

변형된 흑삼병—하락 반전 ③

몸통이 긴 밑꼬리 양봉이 발생한 다음 날 밑꼬리 음봉이, 그다음 날은 완전음봉이 아래에 형성된 패턴으로, 코인 가격의 하락을 견인하는 패턴이다. 만약 코인 가격 상승세에서 이런 패턴이 발생하면 코인 가격이 하락세로 전환될 것을 예상해볼 수 있다.

03

차트로 매매 전략 짜기

매도 전략, 헤드앤숄더 패턴

차트를 통해서 코인 투자를 하는 데이트레이더에게 가장 기본이 되는 차트 패턴은 헤드앤숄더와 역헤드앤숄더 패턴일 것이다. 헤드앤숄더(head and shoulder) 패턴은 반전형의 패턴 가운데 가장 유명한 패턴이다. 양 봉우리 가운데 큰 봉우리가 솟아 있는 것이 사람의 머리와 양어깨를 닮았다고 해서 붙여진 명칭이다. 그림 [9-2]에서 동그라미로 표시한 부분을 참고하라.

그림 [9-2]에서 가운데 머리를 중심으로 양어깨는 각각 의미가 있는데, 왼쪽 어깨와 오른쪽 어깨로 나누어 설명해보면 이와 같다. 왼쪽 어깨는 지속적으로 상향 추세선을 따르며 코인 가격이 큰 폭으로 상승해 나간다. 상승세를 인식한 투자자들은 이에 반응하면서 매매에 나선다. 가운데 머리는 왼쪽 어깨보다 코인 가격이 치솟았음을 보여준다. 오른쪽 어깨는 세 번째로 코인 가

[그림 9-2] 헤드앤숄더 패턴

격이 치솟은 지점인데, 가운데 머리에 비해 코인 가격이 상승하지 못하고 하향 전환하는 것이 특징이다.

여기서 중요한 개념이 네크라인이다. 네크라인은 상승세에서 하락 반전을 판단하는 기준이며, 네크라인 아래로 코인 가격이 내려오기 시작하면 다시 코인 가격이 하락세를 탄 것으로 확신해도 된다. 이때가 매도 시점이라고 볼 수 있는데, 잘못해서 코인 가격이 더 하락한 뒤 매도하면 손실이 커질 수밖에 없으니 주의하라. 오히려 네크라인 아래서 코인 가격이 한참 내려간 뒤 매수 시점을 잡는 것도 나쁘지 않은 전략이다.

코린이를 위한 친절한 가상화폐 투자

매수 전략, 역헤드앤숄더 패턴

헤드앤숄더가 매도 시점을 잡거나 하락세를 예측할 때 유용한 패턴이라면, 매수 시점을 말해주는 패턴으로 역헤드앤숄더 패턴을 알아보자.

역헤드앤숄더 패턴은 코인 가격이 하락세에 있다가 일정하게 오르락내리락한 뒤에 반등해서 상승할 때 나타나는 패턴이다. 헤드앤숄더 패턴을 뒤집은 모양새다(그림 9-3 참조).

왼쪽 어깨 부분은 장기간 하락세를 이어오다가 하락세가 작아지면서 반등해 상승하는 모습을 보여준다. 그러나 다시 본전 찾기 매도 물량에 밀려 하락하고 다시 반등을 거듭하면서 가운데 머리를 만들어낸다. 이것이 다시 하락과 반등을 보이면서 오른쪽 어깨를 만들고 난 뒤 코인 가격이 급등하게 된

[그림 9-3] 역헤드앤숄더 패턴

다. 이는 강력한 매수세라고 할 수 있다.

장기간 보합세, 선형 패턴

선형은 코인 가격이 거의 미동 없이 장기간 보합세를 유지할 때 나타나는 차트 패턴이다. 이후 어느 시점이 되면 거래량이 증가하면서 코인 가격이 폭등하게 되는데, 이 시점이 되면 해당 코인 종목을 보유하고 있던 투자자는 갑자기 100%, 많게는 2,000%까지 엄청난 수익을 얻게 된다.

만약 선형 패턴을 발견했다면 이 코인에 묻어두고 해당 코인이 폭등하기를 기다리는 것도 투자의 한 방법이다. 다만 상장폐지 직전의 코인은 아닌지

[그림 9-4] 비트코인 선형 패턴

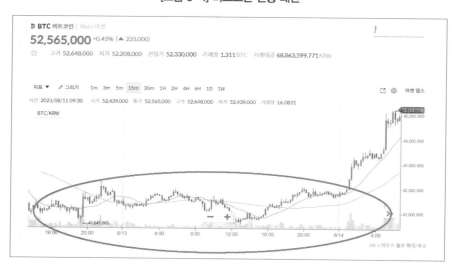

코린이를 위한 친절한 가상화폐 투자

검증할 필요는 있다. 상장폐지가 되면 원금도 못 건지는 일이 발생하기 때문이다.

서서히 보이는 상승세, 둥근 바닥형

[그림 9-5]는 이더리움의 2021년 7월 20일 무렵의 차트인데 둥근 바닥형 차트를 보이고 있다.

둥근 바닥형은 코인 가격 하락세가 부드러운 곡선을 그리며 서서히 상승 추세로 변환되는 형태로서 둥근 바가지 모양을 그리게 된다. 바닥권에서는 거래량이 주춤하다가 상승 시점에 가서는 거래량이 급증하면서 큰 폭의 가

[그림 9-5] 이더리움 둥근 바닥형

격 상승을 이끌게 된다. 둥근 바닥형 패턴은 투자자들의 관심을 받지 못하던 종목의 수익률이 갑자기 상승할 때 종종 만들어진다. 이 패턴을 발견하고 매수 시점을 잡을 경우 안전하게 큰돈을 벌 수 있다.

둥근 바닥형에서는 코인 가격이 천천히 상승하면서 거래량이 줄어드는 시점에 매수하면 조금이라도 이익을 극대화할 수 있다. 설령 이 시점을 놓쳤더라도 코인 가격이 일정한 네크라인을 넘어가는 시점에서 매수할 경우 큰 이익을 얻을 수 있다.

04

이동평균선으로 가격 흐름 예측

이동평균선 보는 법

이동평균선이란 일정 기간의 코인 가격을 평균해낸 선을 말하며, 코인 가격의 지속적 변화에서 비정상적 등락의 영향을 줄임으로써 가격의 전체 흐름을 잘 보여주기 위해서 만들어낸 것이다. 이동평균선을 통해서 코인 가격의 평균적인 방향을 알 수 있고, 코인 가격이 어떻게 움직일지 예측할 수 있다.

[그림 9-6]은 거래소 매매시스템상 이동평균선의 모습이다. 지표 검색에서 Moving Average를 선택하면 되는데, 원하는 기간과 원하는 색상을 선택하면 이동평균선이 차트에 나타난다.

[그림 9-6] 이더리움 이동평균선 추가

① 지표 – Moving Average 선택

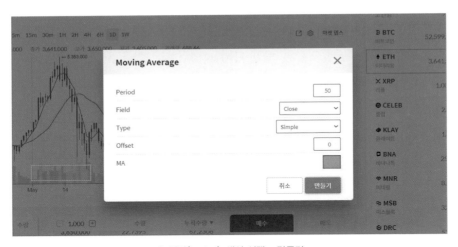

② 기간(period), 색상 선택 – 만들기

코린이를 위한 친절한 가상화폐 투자

이동평균선 기간(period)은 보통 20, 50, 100, 150을 사용한다. 20과 50을 단기로 보고, 100, 150을 중기, 200 이상을 장기로 분류한다.

이동평균선은 투자 지표로 삼기에 장점이 많다. 첫째, 거래소 매매시스템 상에서 기본적으로 제공되는 차트의 일부이므로 사용하기에 편리하다. 둘째, 각종 코인 가격 차트 서비스에서 모두 제공되는 만큼 언제 어디서나 코인 가격 분석에 사용할 수 있다. 셋째, 추세와 형태에 따라서 매매 시점을 잡을 수 있다는 점에서 초보자가 활용하기에 좋은 지표이다. 다만 이 또한 과거의 흔적이므로 미래를 예측하는 수단일 뿐 100퍼센트 정답은 아님을 기억할 필요가 있다.

강세장에서는 주로 코인 가격이 이동평균선의 위쪽으로 삐죽삐죽 튀어나온 형태로 운동을 지속하며 상승하는 추세를 만들어낸다(그림 9-7-①). 반대로 약세장에서는 코인 가격이 이동평균선의 아래쪽으로 삐죽삐죽 튀어나온 형태로 운동하면서 하락하는 추세를 나타낸다(그림 9-7-②).

[그림 9-7] 강세장과 약세장에서의 이동평균선

① 강세장의 이동평균선

② 약세장의 이동평균선
※ 빨간 실선이 이동평균선임.

코린이를 위한 친절한 가상화폐 투자

이동평균선으로 매매 시점 잡기

이동평균선은 기간이 길어질수록 완만한 모양을 이루며, 코인 가격이 이동평균선과 멀어져 있는 경우 코인 가격에 가까워지려는 성질을 지닌다.

코인 가격 상승기에 이동평균선은 정배열을 보이고 가격 하락 시에는 이동평균선이 역배열로 전환된다. 정배열이란 20, 50일 등 단기 선에서 100, 150일 등의 중기 및 200일 이상 장기 선으로 순서대로 배열된 상태를 말하며, 그 반대로 장기 선이 가장 위에 있고 단기 선이 하단에 배열된 상태를 역배열이라 한다.

역배열이던 이동평균선이 정배열로 전환된다면 가격 상승세라고 볼 수 있다. 코인 가격이 하락하는 추세에서는 역배열을 보이면서 이동평균선이 움직인다. 그러다가 갑자기 코인 가격이 반등할 때는 단기이동평균선이 장기이동평균선을 차례로 뚫고 올라가게 된다.

이동평균선이 역배열에서 정배열로 전환되는 시점에 매수하면 수익을 올릴 수 있다.

[그림 9-8] 이동평균선의 정배열과 역배열

① 정배열의 이동평균선

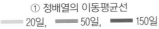
20일,   50일,   150일

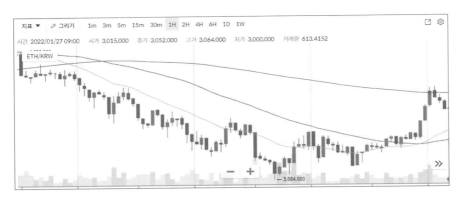

② 역배열의 이동평균선

코린이를 위한 친절한 가상화폐 투자

매수 시점을 말해주는 골든크로스

이처럼 이동평균선의 정배열과 역배열을 활용해 매매 시점을 잡는 것은 전통적인 투자 기법에 속한다. 그 대표적인 것으로 골든크로스와 데드크로스가 있다. 기간이 짧은 이동평균선이 기간이 긴 이동평균선을 뚫고 올라가는 현상을 골든크로스, 기간이 짧은 이동평균선이 기간이 긴 이동평균선을 뚫고 내려가는 현상을 데드크로스라고 한다.

일반적으로 골든크로스가 나타나면 코인 가격이 상승할 것으로 예상해 매수 시점으로 보고, 데드크로스가 나타나면 코인 가격이 하락할 것으로 예상해 매도 시점으로 본다. 전통적인 기법인 만큼 완벽한 투자 시점을 잡아준다고 할 수는 없지만, 많은 사람이 투자에 고려하는 기법이라고 할 수 있다.

골든크로스는 50일 이동평균선이 100일 이동평균선을 뚫고 올라가거나 150일 이동평균선을 뚫고 올라가는 형태를 생각해볼 수 있다. 따라서 골든크로스 분석을 하려면 이동평균선이 적어도 두 개 이상은 돼야 한다.

[그림 9-9]를 살펴보자.

[그림 9-9]에서는 골든크로스가 2차례 발생하고 있다. 단기 이동평균선이 중기 이동평균선을 뚫고 오르며 한 번, 중기 이동평균선이 장기 이동평균선을 뚫고 오르며 한 번 더 일어나는데, 이런 경우 상승세는 더욱 오래 지속되는 경향이 있다. 이는 분명 강한 골든크로스이다.

반대로 단기와 중기 이동평균선에서는 골든크로스가 일어났지만 중기 선과 장기 선 사이에는 골든크로스가 발견되지 않는다면 주의가 필요하다. 이를 약한 골든크로스라고 말한다.

[그림 9-9] 이더리움의 강한 골든크로스

▬ 50일, ▬ 100일, ▬ 150일

다만, 이동평균선의 특성상 골든크로스는 과거의 코인 가격 흐름을 반영하는 것이므로 미래 예측에는 한계가 있다. 골든크로스와 함께 다른 호재가 있는지 면밀한 검토와 분석을 통해 투자에 임해야 한다.

매도 시점을 말해주는 데드크로스

이번에는 데드크로스에 대해서 살펴보자. 데드크로스란 단기 이동평균선이 중기 이동평균선을 뚫고 아래로 내려가거나 중기 이동평균선이 장기 이동평균선을 뚫고 아래로 내려가는 것을 말하며 가격이 하락하는 신호로 볼 수 있다.

[그림 9-10] 이더리움의 강한 데드크로스

[그림 9-10] 이더리움의 강한 데드크로스

━━ 50일,　　━━ 100일,　　━━ 150일

　[그림 9-10]에서 데드크로스는 2차례 발생하고 있다. 단기 이동평균선이 중기 이동평균선을 뚫고 내려가면서 한 번, 중기 이동평균선이 장기 이동평균선을 뚫고 내려가면서 또 한 번, 이렇게 두 차례 이상 데드크로스가 발생하는 경우 강한 데드크로스라고 한다. 이처럼 강한 데드크로스가 나타나면 완전한 하락세임을 예상할 수 있다.

　[그림 9-11]은 비트코인의 2021년 8월 1일의 시간별 가격 흐름을 나타내는 차트다. 단기 선, 중기 선 모두 장기 이동평균선을 뚫고 하락하고 있다. 지루한 하락세임을 말해준다고 할 수 있다.

[그림 9-11] 비트코인의 강한 데드크로스

50일,   100일,   150일

거래량과 코인 가격의 관계

일반적으로 거래량과 코인 가격은 비례 관계에 있다. 차트에서 하단의 막대 그래프가 거래량을 나타낸다. 거래량이 증가하면 물량 세력이 강하다는 것이고 이는 코인 가격 상승을 이끈다. 반대로 거래량이 감소하면 코인 가격이 하락한다. 거래량이 증가하면서 코인 가격이 상승세라면 매수 시점으로 볼 수 있다. 반대로 거래량이 감소하면서 코인 가격이 하락세라면 매도 시점으로 볼 수 있다.

[그림 9-12] 거래량과 코인 가격 동시 상승

[그림 9-12] 차트는 비트코인의 거래량이 증가하면서 가격이 상승하는 모습을 보인다. 가격이 거래량과 비례해 폭발적으로 상승하는 것을 볼 수 있다.

만약, 코인 가격이 지속적으로 상승하면서도 거래량은 줄어들고 있다면 해당 코인의 가격은 하락 가능성이 높다고 판단할 수 있다. 거래 물량이 코인 가격을 끌어올릴 정도의 힘을 가지지 못한 것이다. 이런 경우, 매도 시점으로 해석해도 무방할 것이다.

05

**추세선으로
매매 시점 포착**

코인 가격의 이동 방향

추세선이란 코인 가격이 만들어내는 추세(trend)를 이은 선을 말한다. 여기서 추세란 코인 가격이 이동하는 방향을 말한다. 코인 가격은 지속적으로 곡선 운동을 하면서 일정한 추세를 만들어가는데, 시간이 지남에 따라 추세가 변하는 것은 지극히 정상이다.

차트에서 추세는 고점과 저점을 만들며 일정한 방향을 형성하는데, 이를 연결한 추세선은 형태에 따라 다양한 종류로 분류할 수 있다. 즉 기간을 일, 주, 월로 구분해 상승 추세선, 하락 추세선, 보합 추세선을 그려볼 수 있다. 일반적으로 기간이 길수록 그 추세를 신뢰할 수 있다.

추세선 그리는 법

추세선은 일반적으로 두 개 이상의 고점과 저점을 연결해 그릴 수 있다. 추세선의 고점과 저점의 개수가 많을수록 추세의 신뢰도는 높아진다. 추세선은 일, 주, 월 단위로 모두 그릴 수 있는데, 기간이 길수록 신뢰성이 높은 추세로 볼 수 있다. 장기간에 걸쳐 코인 가격의 이동 방향이 일관되게 형성되면 그 추세의 지속 가능성이 높다고 보기 때문이다.

먼저 코인 가격이 상승세에 있는 경우 상승 추세선을 그어볼 수 있다. 매도 물량보다 매수 물량이 강해서 코인 가격의 상승 방향을 만들어낸 것이다. 상승 추세선은 코인 가격의 저점을 연결해서 그릴 수 있다. 반대로 하락 추

[그림 9-13] 추세선 그리기

※ 차트의 먹선이 추세선임.

세선은 매수 물량보다 매도 물량이 강해서 형성되는 것으로 코인 가격의 고점들을 연결해서 그려볼 수 있다. 보합 추세선은 방향성이 불분명하고 수평 형태로 나타나는데, 분석에 사용되지 않는 편이다.

차트에서 추세선을 설정할 수 있다. 코인원 기준으로 설명하면 차트 상단, 그리기를 클릭하면 왼편의 드로잉 툴바가 나타난다. 거기서 트렌드라인(trendline)을 선택해 차트 안을 클릭하면 추세선이 그려진다. 원하는 색상을 선택할 수 있다(그림 9-13 참조). 추세선 그리는 법은 거래소마다 약간씩 차이가 있지만 대동소이하다.

추세선이 말해주는 매수 포인트

그렇다면 추세선은 어떻게 활용할까?

개인적인 생각으로는 오래전부터 주식시장에서 논의되었던 추세선 이론들이 코인 시장에서 더 유용하게 적용될 것으로 확신한다. 왜냐하면 모든 단기 거래성 자산에서 가격 추세는 거래자들의 심리를 반영하는 것이고 시장의 심리라고 할 수 있기 때문이다.

추세선을 보면, 코인 가격이 일정한 범위 안에서 움직이다가 갑자기 치솟는 지점이 나타나는데, 그 지점을 매수 포인트로 보고 투자하면 수익률을 높일 수 있다. 추세선이 말해주는 매수 포인트를 좀 더 구체적으로 알아보자.

코린이를 위한 친절한 가상화폐 투자

첫째, 상승 추세선에서 갑자기 상향 돌파하는 지점

코인 가격이 지속적으로 상승세를 보이며 상승 추세선을 타다가 갑자기 치솟는 경우 그 치솟는 지점이 바로 매수 포인트이다(그림 9-14-①). 그때 매수하면 수익률을 높일 수 있다. 위에 있는 선을 저항선, 아래 있는 선을 지지선이라고 하지만 용어는 중요하지 않다.

둘째, 보합 추세선에서 갑자기 상향 돌파하는 지점

추세선에서 두 번째 매수 포인트는 보합 추세선을 활용하는 것이다. 코인 가격이 곡선운동을 하며 보합세를 유지하다가 갑자기 급등하면서 치고 올라가는 지점이 있는데, 그때를 매수 포인트로 잡을 수 있다(그림 9-14-②). 그때 매수하면 수익률을 높일 수 있다.

셋째, 하향 추세선에서 갑자기 상향 돌파하는 지점

코인 가격이 하향 추세선 안에 있다가 갑자기 반등하면서 치솟을 때가 있는데, 그 지점을 매수 포인트로 본다(그림 9-14-③). 이 지점에서 매수하면 수익률을 높일 수 있다.

[그림 9-14] 추세선으로 보는 매수 포인트

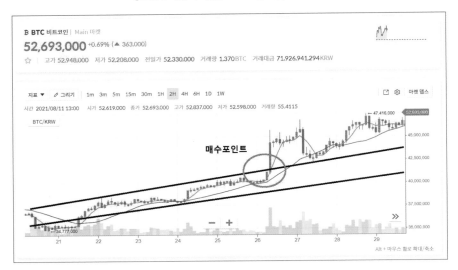

① 상승 추세선 상향 돌파

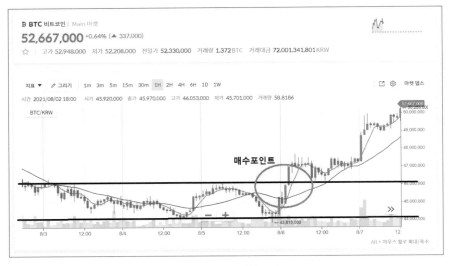

② 보합 추세선 상향 돌파

코린이를 위한 친절한 가상화폐 투자

③ 하향 추세선 상향 돌파

추세선이 말해주는 매도 포인트

매도 시점 또한 추세선을 활용해 파악할 수 있다. 매도 시점의 핵심은 추세선에서 코인 가격이 급락하는 지점을 찾는 것이다. 다만, 코인 가격이 급락하더라도 다시 상승 반전이 있을 수 있으니 주의가 필요하다. 코인 초보자들도 쉽게 파악할 수 있는 매도 포인트를 구체적으로 살펴보자.

첫째, 하향 추세선을 하향 돌파하는 지점

코인 가격이 하락세를 타면서 일정 범위에 있거나, 저점만 연결한 하향 추세선을 타고 움직이다가 일정한 지점에서 급락할 때가 있는데, 그 지점이 매도 포인트가 된다(그림 9-15-①). 매도 포인트에서는 신속하게 매도하는 전략을 취하는 것이 좋다. 이 지점을 놓치면 코인 가격이 지나치게 떨어질 수 있으니 주의하라.

둘째, 보합 추세선에서 갑자기 하향 돌파하는 지점

코인 가격이 보합 추세선을 따라서 수평적으로 곡선운동을 하다가 어느 순간 아래로 뚫고 내려가는 경우가 있는데, 그 지점이 매도 포인트가 된다(그림 9-15-②). 이 지점에서 신속하게 매도해야 손해를 줄이고 수익률을 높일 수 있다.

이 밖에도 매도 포인트를 잡는 다양한 전략이 있지만, 많이 안다고 해서 다 쓸 수 있는 것은 아니다. 초보 투자자일수록 기본 기술만 반복적으로 활용하면서 투자 노하우를 쌓는 것이 중요하다.

[그림 9-15] 추세선으로 보는 매도 포인트

① 하향 추세선 하향 돌파

② 보합 추세선 하향 돌파

06

MACD로
매매 시점 포착

MACD란 무엇인가?

MACD란 Moving Average Convergence and Divergence의 약자로 장단기 이동평균선의 차이를 활용한 지표에 해당한다. '이동평균 수렴·확산 지수'라고도 부른다. 앞서 이동평균선을 활용해 코인 가격의 흐름을 예측하고 매매 시점을 잡았던 것을 기억하면 MACD 개념 잡는 데 도움이 될 것이다.

　MACD는 지속적으로 모였다 흩어지는 이동평균선의 성질을 이용한 것으로 매매 시점을 잡는 데 효과적이다. 단순 이동평균선은 과거 코인 가격의 평균 추세를 나타낸 것이므로 미래의 가격을 예측하는 데는 한계가 있다. 이런 한계를 보완한 것이 MACD라 할 수 있다. 결과적으로 MACD 분석은 이동평균선 분석보다 코인 가격에 대한 예측력이 높다.

　그렇다면 MACD는 어떻게 만들고 매매에 어떻게 활용할까? 차트에서

MACD를 불러오는 방법부터 이를 통해 매매 전략 짜는 법까지 찬찬히 살펴보도록 하자.

MACD 지표 보기

지표를 추가하는 방법은 거래소 시스템에 따라 대동소이하다. 여기서는 코인원을 예로 설명하겠다. 거래소 매매 시스템에 접속해 분석을 원하는 코인의 차트를 확인한다. 그런 다음 지표를 클릭해 메뉴에서 MACD를 찾아 클릭한다(그림 9-16-①). 기본값 그대로 만들기를 클릭하고 사용해도 무방하다(그림

[그림 9-16] MACD 지표 불러오기

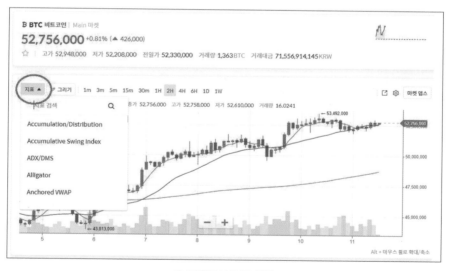

① 지표에서 MACD 검색

② 기간, 색 등 설정하기

③ MACD 그래프 추가 완료

코린이를 위한 친절한 가상화폐 투자

9-16-②). 그러면 차트 하단에 MACD 창이 추가된다(그림 9-16-③). MACD 창을 자세히 보면 검은 선과 빨간 선, 그리고 기준점인 0선이 있다. 검은 선이 MACD선이고 빨간 선은 시그널선이다.

MACD 매매 전략 2가지

MACD는 매매 시점을 쉽게 찾을 수 있다는 장점 덕분에 매매 전략을 수립할 때 매우 유용하다. MACD를 이용한 매매 전략은 크게 두 가지로 나누는데, 하나는 크로스 전략이고 다른 하나는 기준점인 0선 전략이다.

우선 크로스 전략부터 살펴보자. MACD선이 시그널선을 뚫고 올라가는

[그림 9-17] MACD 크로스 전략

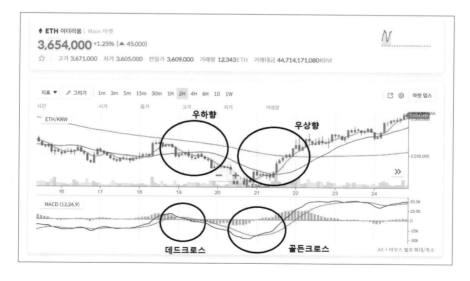

모양을 골든크로스라 할 수 있는데, 이 시점에 매수한다. 반대로 MACD선이 시그널선을 뚫고 내려가는 모양을 데드크로스라고 할 수 있는데, 이 시점에 매도한다. 이는 쌀 때 사서 비쌀 때 파는 매수·매도의 기본 전략으로 손쉽게 시세차익을 챙기는 방법이다.

MACD를 이용한 두 번째 매매 전략은 기준점인 0선을 활용하는 것으로 좀 더 단순하다. MACD선과 기준점인 0선을 비교하는 것인데, MACD가 0선을 뚫고 올라가는 시점에 매수하고 MACD가 0을 뚫고 내려오는 시점에 매도하는 전략이다.

다만, 기준선인 0 지점과 비교하는 두 번째 전략은 매매 결정을 내리는 데 비교적 많은 시간이 걸린다. 많게는 몇 달 걸릴 수 있으므로 인내심이 필요한 전략이다. 하지만 크로스 전략에 비해 좀 더 많은 시세차익을 얻을 수 있다는 장점이 있다.

[그림 9-18] MACD 기준선 전략

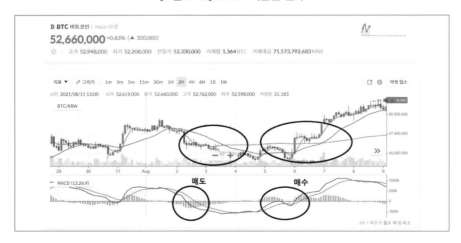

07 스토캐스틱으로 매매 시점 포착

예측력과 정확도 높은 지표

이번에 살펴볼 지표는 스토캐스틱(stochastics)이다. 스토캐스틱 분석은 일정 기간의 코인 가격 움직임을 가장 잘 예측하는 기법으로, 다른 보조지표 분석보다 예측력과 정확도가 높기 때문에 수익률을 극대화하기 위해 알아둘 필요가 있다. 스토캐스틱은 추세가 없는 코인의 가격 흐름을 파악하는 데도 효과적이라는 특징이 있다.

스토캐스틱에는 패스트(fast) 스토캐스틱과 슬로우(slow) 스토캐스틱이 있는데, 코인 투자를 할 때는 일반적으로 슬로우 스토캐스틱이 사용된다. 차트에 지표를 불러오는 방법부터 매매 전략까지 자세히 알아보자.

스토캐스틱 지표 보기

거래소에 접속해 분석하려는 코인 종목의 차트를 띄운다. 지표에서 stochastics를 찾아 클릭한다(그림 9-19-①). 이어 설정 화면이 나타나는데 보통, Fast 스토캐스틱은 검은색, Slow 스토캐스틱은 붉은색, 과매도(overbought)는 80, 과매수(oversold)는 20으로 기본값이 설정되어 있다. 이 기본값을 확인하고 만들기를 클릭한다(그림 9-19-②). 그럼 스토캐스틱 창이 추가될 것이다(그림 9-19-③).

[그림 9-19] 스토캐스틱 지표 추가

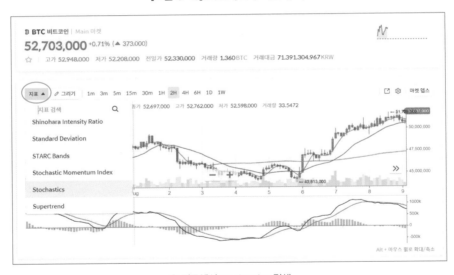

① 지표에서 stochastics 검색

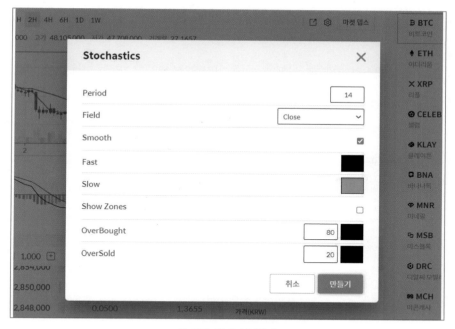

② 기간, 색 등 설정하기

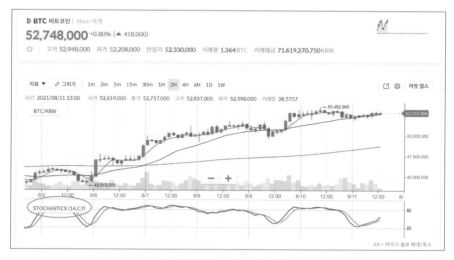

③ 스토캐스틱 그래프 추가 완료

스토캐스틱 매매 전략

그럼 스토캐스틱 지표로 어떻게 매매 전략을 짤까? 첫 번째, 과매도와 과매수를 기준으로 하는 비교적 단순한 전략이다.

스토캐스틱 빨간 선이 80을 넘어서면 과매수 구간으로 보아 매도를 고려한다. 스토캐스틱 빨간 선이 80을 넘어섰다가 다시 내려오려는 시점에 즉각 매도해야 한다. 반대로 스토캐스틱 빨간 선이 20 아래에 머무르면 과매도 구간으로 볼 수 있다. 이때 20 아래의 구간에서 다시 올라가려는 시점에 매수하면 수익률을 높일 수 있다.

[그림 9-20] 스토캐스틱 전략의 기본

코린이를 위한 친절한 가상화폐 투자

스토캐스틱을 이용한 두 번째 매매 전략을 살펴보자. 스토캐스틱도 다른 보조지표처럼 추세를 보인다는 점에서 착안한 전략이다. 스토캐스틱이 증가하는 추세를 보이면 코인 가격도 상승세를 타게 되고, 스토캐스틱이 감소하는 추세를 보이면 코인 가격도 하락세를 타게 된다. 이런 추세를 읽으면서 매매 시점을 잡는다.

스토캐스틱과 코인 가격의 추세는 거의 비슷한 움직임을 보인다. 스토캐스틱의 흐름을 잘 보고 코인 가격의 방향을 예측한 뒤 상승세가 예상되는 경우에는 매수를, 하락세가 예상되는 경우에는 매도를 하는 것도 방법이다.

[그림 9-21] 스토캐스틱 전략의 응용

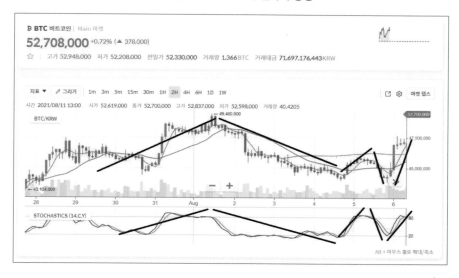

08 볼린저밴드로 매매 시점 포착

가격 변동 범위에 주목

볼린저밴드(Bollinger Bands)란 코인 가격이 움직이는 편차를 고려해 설정한 가격의 범위를 말한다. 코인 가격이 이동평균선을 그리면서 일정한 변동성 안에서 움직인다는 점에 착안해 개발된 지표로, 가격 움직임의 범위를 90% 이상의 확률로 계산했다. 코인 가격의 흐름을 파악하고 매매 시점을 잡는 데 유용하기 때문에 요즘 투자자들은 볼린저밴드를 많이 사용한다.

볼린저밴드는 상한선, 중심선, 하한선으로 구성되어 있으며 상한선과 하한선은 매매 전략을 취하는 데 중요한 역할을 한다. 코인 가격이 볼린저밴드를 이탈하면 코인 가격이 급등하거나 급락하는 신호로 보아 매매 시점을 잡는 것이 볼린저밴드 전략의 기본이다.

코린이를 위한 친절한 가상화폐 투자

볼린저밴드 지표 보기

볼린저밴드 지표를 차트에 추가하는 법을 알아보자. 우선 거래소에서 분석을 원하는 코인 차트를 화면에 띄운다. 지표를 클릭해 Bollinger Bands를 불러온다(그림 9-22-①). 기본값으로 설정된 설정 창이 뜨는데 기본값 그대로 두고 만들기를 클릭한다(그림 9-22-②). 그럼 차트의 코인 가격을 둘러싸고 볼린저밴드가 나타난다(그림 9-22-③).

[그림 9-22] 볼린저밴드 지표 추가

① 지표 검색, Bollinger Bands

② 기본값으로 설정하기

③ 볼린저밴드 지표 추가 완료

※ 캔들 차트를 둘러싼 회색 영역이 볼린저밴드임.

코린이를 위한 친절한 가상화폐 투자

볼린저밴드 매매 전략

[그림 9-22]에서 코인 가격 위쪽에 그어진 선은 상한선, 하단에 그어진 선은 하한선, 가운데 선은 중심선이다. 기본값은 모두 검은색으로 설정되었으나, 설정 창에서 상한선(top), 중심선(median), 하한선(bottom)의 색을 달리 설정할 수도 있다.

코인 가격은 90% 이상의 확률로 볼린저밴드 안에서 곡선운동을 하며 움직인다. 이때 코인 가격이 볼린저밴드의 상한선이나 하한선을 뚫고 삐져나가는 경우 추세 변화를 예상할 수 있다.

코인 가격이 볼린저밴드의 상한선을 뚫고 올라가면 가격 급등의 신호로 볼 수 있고, 하한선을 뚫고 내려가면 가격 급락의 신호로 볼 수 있다. 볼린저밴드의 폭이 가늘게 나타나는 경우 코인 가격이 전환되기 위해 보합세를 보이는 중이라고 볼 수 있다.

코인 가격의 변동이 작은 부분에서는 볼린저밴드가 얇고 길며, 이럴 때는 투자 시점을 기다리는 것이 좋다. 코인 가격이 볼린저밴드 안에서 놀다가 볼린저밴드 하한선에 붙으면 이때를 매수 시점으로 볼 수 있다. 반대로 볼린저밴드 상한선에 붙는다면 매도 시점이다.

만약 코인 가격이 볼린저밴드 하한선에서 중심선을 뚫고 올라간다면 즉각적으로 매수하는 것이 유리하다. 이제 곧 상승세를 보일 것이기 때문이다. 반대로 코인 가격이 볼린저밴드의 상한선에서 머무르다가 중심선을 뚫고 내려온다면 매도 시점으로 보면 된다(그림 9-23 참조).

[그림 9-23] 볼린저밴드 매매 전략

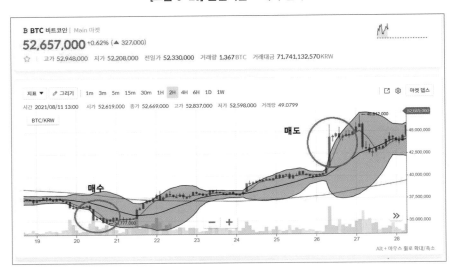

코린이를 위한 친절한 가상화폐 투자

09 투자 수익률을 높여줄 인덱스 지수들

공포-탐욕 지수

주식시장에 KOSPI200, 코스닥 지수 등이 있듯이 가상자산 시장에도 참고할 만한 지수들이 있다. 주식시장처럼 공식적으로 승인되거나 체계적인 지수는 아니지만, 코인 투자에 참고하면 수익률을 높여줄 다양한 보조 지수들이다.

코인 시장에서 참고할 만한 가장 대표적인 지수는 '공포-탐욕 지수(Crypto Fear & Greed Index)'이다. 이 지수는 이름에서 짐작할 수 있듯이 사람들의 심리를 반영한 투자 지표이다. "공포에 사라."는 말처럼 이런 지수를 잘 활용해 매매하면 시세차익을 극대화할 수 있다.

투자자들은 합리적인 존재가 아니다. 이상하게 내가 사면 가격이 떨어지고 남이 사면 가격이 오르는 현상을 우리는 많이 경험해보지 않는가! 이를 역이용해 개미들이 살 때 나는 팔고 그들이 팔 때 나는 사면 이익을 볼 수 있다. 공포-탐욕 지수를 통한 가상자산 투자의 원리는 바로 그런 것이다.

주식시장에도 이와 유사한 심리지수가 많다. 보통은 주가의 변동성, 콜옵션, 선물 등 파생상품 거래량 등을 통해서 심리지수를 산출하는 것으로 알려져 있다. 마찬가지로 가상자산 시장에도 가격 변동성과 관련한 파생상품의 거래 추이를 통해서 그런 심리지수를 만들어낼 수 있다. 두나무는 그런 원리로 공포-탐욕 지수를 개발했다.

[그림 9-24]를 보면 지수 하단에 다음과 같은 흥미로운 문구가 있다.

"탐욕적인 단계입니다. 지수가 점진적으로 상승하고 있습니다. 가격의 변동성과 거래량 또한 높아지고 있음을 의미합니다. 단기적인 고점이 형성될 수 있습니다."

요컨대, 매도 타이밍이 곧 도래할 것이라는 뜻이다. 지수뿐만이 아니라, 투자 방향도 제시해준다는 점에서 의미가 있다.

코인 시장은 매일 24시간 연중 무휴이다. 그래서 주식시장보다 변동성이 클 수밖에 없다. 그런 점에서 투자자들의 심리가 요동치고, 가격이 이에 민감하게 반응하는 것은 당연한 일이다. 투자자가 공포-탐욕 지수를 눈여겨봐야 할 이유이다.

그렇다면 공포-탐욕 지수를 보고 어떻게 매매 전략을 짤 수 있을까?

[그림 9-25]를 보며 이해해보자. 투자자들이 두려움을 느끼는 '공포' 상태에서는 오히려 매수를 노려볼 수 있다. 반대로 투자자들이 탐욕을 보이고 있는 상황에서는 곧 가격이 하락할 수 있기 때문에 매도를 고려해볼 필요가 있다.

[그림 9-24] 공포-탐욕 지수

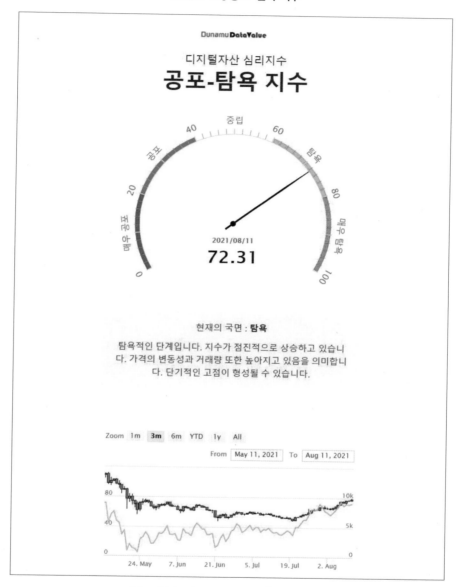

※ https://datavalue.dunamu.com/feargreedindex

[그림 9-25] 공포-탐욕 지수로 보는 매매 타이밍

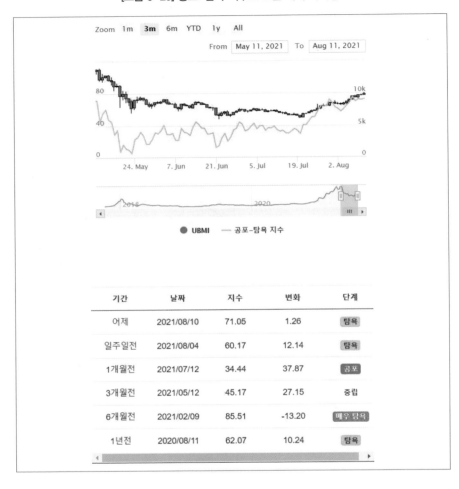

기간	날짜	지수	변화	단계
어제	2021/08/10	71.05	1.26	탐욕
일주일전	2021/08/04	60.17	12.14	탐욕
1개월전	2021/07/12	34.44	37.87	공포
3개월전	2021/05/12	45.17	27.15	중립
6개월전	2021/02/09	85.51	-13.20	매우 탐욕
1년전	2020/08/11	62.07	10.24	탐욕

코린이를 위한 친절한 가상화폐 투자

비트코인 도미넌스 지수

다음으로 고려할 지수는 비트코인 도미넌스 지수이다. 약식으로 BTC.D 지수라고 표기한다. 비트코인은 최초의 코인이자 메이저 코인으로서 사실상 기축통화의 기능을 한다. 다른 코인들이 비트코인의 가격을 추종하는 현상이 자주 발견되므로 비트코인의 가격 추이를 잘 이용하면 자신이 투자하는 코인의 가격을 예상하는 데 도움이 된다. 그런 점을 이용해 만든 지수가 바로 비트코인 도미넌스 지수다.

도미넌스(dominance)란 전체 코인 시장에서 특정 코인이 점유하는 시가총액 비율을 뜻한다. 도미넌스가 70%라는 말은 시장에서 그 코인이 차지하는

[그림 9-26] 비트코인 도미넌스 지수

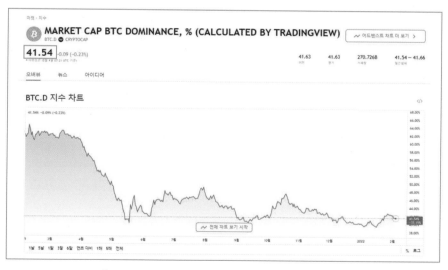

https://kr.tradingview.com/symbols/CRYPTOCAP-BTC.D/ (2022. 2.4)

비중이 70%라는 말과 같다. [그림 9-26]을 보면 2022년 2월 4일 기준 비트코인 도미넌스는 41.54%이다.

비트코인뿐만 아니라 다양한 코인들의 도미넌스를 확인해볼 수 있는데, 이로써 알 수 있는 것은 해당 코인으로 얼마만큼의 시장 자금이 유입되고 있는지다. 도미넌스 지수가 높은 코인, 즉 자금 유입이 많은 코인 가격이 오르는 것은 당연한 일이다.

시가총액 차트

끝으로 가상자산 전체 시장의 시가총액 차트 등을 활용해 매매하는 방법을 보자. 시가총액 차트를 어떻게 활용하는지 차트를 보며 이해해보자.

[그림 9-27]은 코인 시장 전체 시가총액 및 거래량을 나타낸 차트다. 기간별로 등락이 나타나고 있는데 우상향하는 시기와 우하향하는 시기를 확인해볼 수 있다. 여기서 우리는 코인 시장 전체에 자금이 언제 얼마나 유입되는지, 가격 추이는 어떻게 변하는지를 판단해볼 수 있다. 시가총액 차트에서 우상향할 때 매수하고 우하향할 때 빠른 손절매를 하는 방법을 고려해볼 수 있다.

[그림 9-27] 코인 시장 전체 시가총액 차트

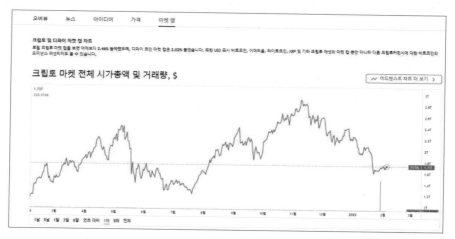

https://kr.tradingview.com/markets/cryptocurrencies/global-charts(2022. 2.4)

Part 4

가상화폐의 신세계:
"하락장도 걱정 없어요."

디파이 투자, 메타버스 & NFT

10장은 최근 가상화폐 시장에서 주목받고 있는 디파이(DeFi) 투자에 대해 알아봅니다. 디파이 투자는 탈중앙화 거래소, 즉 덱스(DEX)에서 제공하는 금융 서비스를 이용한 투자 방식을 말하는데 수익률이 은행 이자율보다 높아서 많은 호응을 얻고 있습니다. 덱스와 디파이에 대해 자세히 알아보고 대표적인 디파이 투자인 스테이킹, 대출, 스왑, 일드 파밍 등에 대해 소개합니다. 코인원, 빗썸 등 중앙화 거래소에서 이용할 수 있는 디파이 투자도 있으니 참고하길 바랍니다.

디파이 투자

탈중앙화 거래소의 등장

중앙화 거래소의 문제점

가상화폐 투자의 새로운 영역 중 디파이 투자가 있다. 특히 2020년 디파이 투자가 뜨거운 관심을 받았다. 대체 디파이가 뭘까?

디파이를 이해하려면 짝을 이루는 덱스를 먼저 이해해야 한다. 덱스 (DEX: decentralized exchange)란 탈중앙화 거래소를 뜻하며 말 그대로 중앙 서버 없이 블록체인상에 존재하는 가상화폐 거래소에 해당한다. 이 같은 탈중앙화 거래소에서 제공하는 금융 상품 혹은 금융 서비스를 디파이(DeFi: decentralized finance)라고 한다.

빗썸, 코인원, 업비트 같은 거래소는 중앙화 거래소(centralized exchange)다. 예를 들어 투자자들이 코인원에서 비트코인을 사거나 팔면, 투자자들의 잔고는 줄거나 늘 것이다. 그러나 그것은 거래소 지갑의 잔고가 증가 또는 감소하는 것일 뿐 블록체인상에서 벌어지는 일은 아니다. 이처럼 중앙화 거래소에서 투자자의 코인은 철저히 거래소의 통제 속에 있게 된다. 이 경우, 몇 가지 문제가 발생할 수 있다.

보안과 익명성

첫째, 중앙화된 거래소가 해킹되어 거래소를 통해 투자한 돈이 사라진다면 투자자들은 돈을 돌려받을 수 있을까? 실제로 이런 일은 벌어진다. 세계 최대 거래소인 바이낸스(Binance)도 2019년 5월 해킹당해 7,000비트코인을 잃어버렸다. 물론 바이낸스는 막강한 자금력이 있는 거래소이기에 투자자들은 손실을 당하지 않았지만, 아무리 최고의 거래소도 해킹에 취약할 수 있음을 말해주는 사건이었다.

둘째, 중앙화된 거래소는 투자자 정보를 아주 자세히 수집하기 때문에 거래의 익명성을 보장받기 어렵다. 중앙화 거래소에서 거래하려면, 일종의 검열을 통과해야 한다. 누가 얼마나 많은 비트코인을 보유하고 있

> 중앙화 거래소는 해킹에 취약하고 거래의 익명성을 보장해주지 않는다는 문제가 있다. 덱스(DEX)는 이런 중앙화 거래소의 문제점을 개선하기 위해 나타난 탈중앙화 거래소다.

는지 투명하게 공개된다. 중앙화 거래소에서는 단지 해킹에 의한 도난 문제만이 아니라, 익명성 자체에 대한 욕구도 문제가 될 수 있다.

덱스는 이 같은 중앙화 거래소 문제를 해결하기 위해 등장했다. 다만, 덱스 거래자들은 각자 지갑을 스스로 관리해야 할 책임을 지게 된다. 가령, 코

인원에서 비밀번호를 잃어버렸다면 거래소에 요청해 비밀번호를 초기화해서 바꾸면 되지만, 덱스에서는 지갑 인증서(wallet credentials)를 잃어버리면 복구할 방법이 없다.

덱스에서의 거래는 중개자 개입 없이 수요와 공급의 논리에 따라 진행되므로 팔려는 사람과 사려는 사람이 있어야 거래가 체결된다. 중앙화 거래소에서는 바로바로 매매가 진행되므로 현금이 필요할 때 가상화폐를 팔면 되지만, 덱스에서는 내가 팔려는 가상화폐의 매수자가 나타날 때까지 기다려야 할 수도 있다. 이때 거래를 진행하는 수단은 스마트 컨트랙트이며, 조건이 충족되면 자동으로 거래가 체결되는 방식을 취한다.

급증하고 있는 디파이 플랫폼

우후죽순 현상

덱스 거래는 중앙 관리자 없이 P2P 원칙으로 매매자들 사이에서 이루어진다. 그렇다 해도, 디파이 서비스 자체는 다른 어디선가 진행되어야 한다. 그런 곳을 편의상 디파이 플랫폼이라 하자. 디파이는 스마트 컨트랙트 기술을 기반으로 하므로, 디파이 플랫폼도 이더리움 블록체인 기반이 많다. 유니스왑(Uniswap), 스시스왑(Sushiswap), 디와이엑스(dYdX) 등이 대표적인 디파이 플랫폼이고, 이들을 곧 덱스라 부른다. 바이낸스 스마트 체인(Binance Smart Chain) 기반의 팬케이크스왑(PancakeSwap)도 유명한 덱스이고, 국내에는 카카오 자회사인 그라운드 X가 개발한 블록체인 클레이튼(KLAY) 기반의 클레이스왑

> 덱스는 2020년 이후 급증하고 있는 추세다. 덱스의 목록은 시장 점유율을 기준으로 코인마켓캡에 리스트업되고 있다.

(KLAYswap)이 있다.

　코인마켓캡은 디파이 시장의 시장 점유율을 기반으로 덱스를 순위별로 리스트해 연동 서비스를 제공하고 있다. 2022년 2월 16일 코인마켓캡 기준 총 145개의 덱스, 즉 디파이 플랫폼이 있다. 그중 약 70%가 2020년 이후 생겨난 것을 볼 때 충분한 검증을 거쳤다고는 볼 수 없다. 말하자면, 우후죽순으로 생기고 있는 덱스들을 다 신뢰하기란 어렵다는 이야기다.

[그림 10-1] 탈중앙화 거래소(DEX) 목록

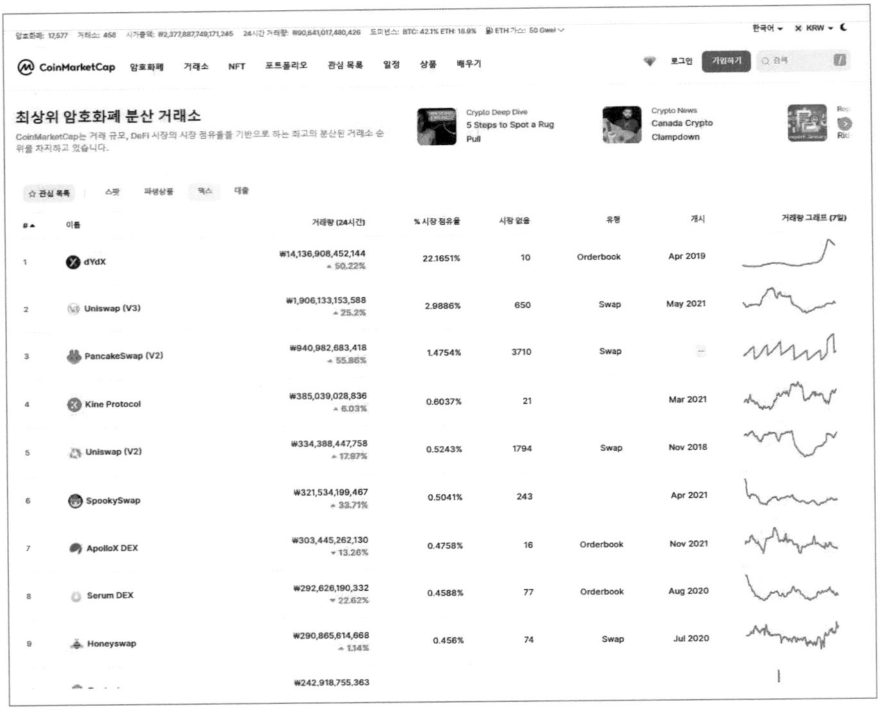

※ 코인마켓캡(2022. 2. 16)

다양한 디파이 투자

탈중앙화 거래소 덱스에서 제공하는 탈중앙화 금융 서비스를 디파이라고 한다는 것을 보았다. 그런데 디파이를 디파이 투자라고도 하는데 왜일까? 디파이가 이윤을 창출하기 때문이다.

디파이는 입출금, 송금 등 기본적인 금융 서비스 외에 대출(borrowing), 스테이킹(staking), 스왑(swap), 일드 파밍(yield farming) 등의 서비스를 제공한다. 스테이킹은 앞서도 보았듯 가상화폐를 해당 블록체인상에 예치하고, 일정한 블록 생성 검증을 거쳐 가상화폐로 보상받는 투자를 말한다. 스테이킹은 일부 중앙화 거래소에서도 현재 제공하고 있는데, 이 경우 투자자는 블록 생성 검증의 까다로운 과정을 거치지 않아도 된다.

대출은 누군가 가상화폐를 예치하면 대출자가 해당 가상화폐를 빌려 가고 그 대가로 이자와 수수료를 지급하는 것을 말한다. 이때 대출자는 비트코인이나 이더리움을 담보로 맡기고 특정 코인을 대출받게 된다. 일드 파밍은 특정 코인을 예치하고 그 이자로

덱스에서 제공하는 금융 서비스를 디파이(DeFi)라고 한다. 디파이는 높은 이윤을 창출하는 투자로도 활용되고 있으며, 대표적인 형태로 대출, 스테이킹, 스왑, 일드 파밍이 있다.

대출(borrowing): 비트코인이나 이더리움을 담보로 특정 코인을 빌려 가는 것. 대출해주는 사람은 대가로 이자와 수수료를 받는다.

스테이킹(staking): 블록체인상에 가상화폐를 예치하고 일정한 블록 생성 검증을 거쳐 가상화폐를 보상으로 받는다.

일드 파밍(yield farming): 특정 코인을 예치하고 그 보상으로 다른 코인을 받는 것을 가리킨다. 보상받을 코인을 선택할 수 있다는 점에서 스테이킹과 구별된다.

다른 코인을 받는 것을 가리키며 '이자 농사'라고도 칭한다. 이자로 코인을 받는 것은 스테이킹과 비슷하지만, 일드 파밍의 경우 이자로 받을 코인을 선택할 수 있다는 차이가 있다. 스왑(swap)은 특정 코인을 다른 코인과 바꿔주는 서비스다. 예를 들어, 비트코인을 이더리움으로 바꾸고 싶어 하는 사람에게 이더리움을 제공하고 그 보상으로 수수료를 받는 것이다.

무엇이 혁신적인가?

이 같은 디파이 서비스가 왜 혁신적인지 예를 들어 설명해보겠다. 주식시장에서 카카오 1주와 삼성전자 2주 가격이 같다고 해서 둘을 교환할 수 없는 것처럼, 중앙화 거래소에서도 이더리움을 비트코인으로 맞교환할 수 없다. 그러나 덱스의 탈중앙화 금융 서비스는 서로 다른 코인의 맞거래를 가능케 한다. 스마트 컨트랙트라는 혁신적인 기술을 통해 거래 조건만 맞으면, 알고리즘 시스템에 의해 비트코인과 이더리움 거래가 자동으로 성사되기 때문이다. 이는 분명 금융의 새로운 장이다.

03 디파이 투자의 전망

중앙화 거래소의 디파이

코인원이나 빗썸 같은 중앙화 거래소에서도 디파이 투자를 할 수 있다. 코인원에서 판매하고 있는 디파이는 현재 락업, 데일리, 스테이킹이다. 락업(Lock-up)이란 가상화폐를 맡긴 기간만큼 이자를 주는 서비스다. 데일리(Daily)란 특정 가상화폐를 보유한 만큼 이자를 주는 서비스로, 프로젝트와 기간에 따라 연이율이 1.93~50.91%에 달한다. 코인원의 스테이킹은 보유한 가상자산을 코인원 노드를 통해 블록체인 스테이킹 시스템에 직접 위임하고 이자를 받아가는 서비스를 말하며, 프로젝트와 기간에 따라 연이율이 4.84~8.27%에 달한다. 예금처럼 안전 투자를 선호하는 사람이라면 디파이 투자를 노려볼 만하다.

> 일부 중앙화 거래소도 디파이 투자를 할 수 있도록 상품을 개발했다. 코인원은 락업, 데일리, 스테이킹 상품을 판매하고 있다.

[그림 10-2] 중앙화 거래소에서 디파이 투자 방법

코린이를 위한 친절한 가상화폐 투자

코인원에서 디파이 투자를 하려면 코인원 〉 플러스에 접속하면 된다. 락업, 데일리, 스테이킹 중 선택할 수 있다. 만약 이더리움 락업에 참여하고자 하면, 락업 〉 이더리움 순으로 클릭한다.

디파이 투자의 과제는?

디파이 투자는 블록체인 기술을 바탕으로 익명 거래로 이루어진다. 코인원이나 업비트에서 금융 서비스를 이용하려면, 은행 계좌를 트고 신용을 조회하고 각종 심사를 통과해야 하지만, 디파이에서는 가상화폐 지갑만 있으면 되기 때문에 간편하다.

게다가 가상화폐를 직접 투자하는 것보다 가격 변동폭이 적어서 스트레스가 덜하며 은행의 예·적금보다 수익률이 높다는 것도 디파이의 장점이다. 현재 내게 없는 돈을 만들어 훗날 이자 지불에 쓸 수 있다는 것은 디파이의 근본적인 장점이다.

따라서 디파이 투자는 2021년 전년도보다 95배 이상 투자액이 증가했다. 철저한 익명성을 기반으로 하고 누구의 통제도 받지 않기 때문에 탈세, 돈세탁 등 악용될 소지도 있지만 금융의 새로운 차원을 열었다는 점에서 더욱 발전되리라 믿는다.

그러나 디파이 투자는 아직 풀어야 할 과제가 몇 가지 있다. 금융당국의 통제를 벗어난 거래인 만큼 당국의 허가나 규제를 받기

> 디파이의 가스비(gas fee)가 높은 것과 이자율이 실시간 변동한다는 것은 단점이다. 금융당국의 규제를 받을 수 없는 만큼 투자자에게 위험할 수도 있다.

어렵고 이 점은 투자자들에겐 위험 요인으로 작용한다. 디파이 투자에 어떤 위험이 도사리고 있는지 개발자조차 모를 수 있고, 설령 안다 해도 그들이 사실대로 밝힐지는 모르겠다.

디파이 거래 수수료가 높은 것도 단점이다. 코인 거래 수수료를 광부에게 지불하는 대가라는 의미로 일명 가스비(gas fee)라고 하는데 디파이 가스비는 금액과 기간에 상관없이 건당 수십만 원에 달한다. 이자율이 실시간으로 변동한다는 점에도 주의를 기울일 필요가 있다.

가상화폐 시장의 새로운 섹터로 메타버스와 NFT가 급부상하고 있습니다. 11장에서는 메타버스에 대해 설명합니다. 메타버스의 개념을 쉽고 정확하게 이해하는 장이 되길 바랍니다. 메타버스 관련주들이 주목을 받고 있는데 대표적인 사례로 영화산업에 종사하는 덱스터를 분석했습니다. 메타버스 관련주들에 관심 있는 투자자들에게 종목을 분석하는 사례로 설명하고 있으니 종목 선정 시 참고하시기 바랍니다. 또한 메타버스가 왜 가상화폐 투자에서 많이 언급되는지 관련성을 설명하고 있습니다. 스캠코인에 유의하는 방법도 이야기합니다.

11장

새로운 경제 생태계,
메타버스

01 메타버스에 대한 높은 관심과 현실

아직 개화되지 않은 산업

최근에 코인 투자 시장에서 급부상하고 있는 테마가 있는데 바로 메타버스와 NFT이다. 그중 메타버스에 대해 먼저 살펴보자.

메타버스는 전 세계적인 열풍을 일으키며 당당히 문화 트렌드의 중심을 차지하고 있는 섹터이다. 코인뿐만 아니라 주식과 부동산에서도 메타버스 관련 상품들이 인기를 끌고 있다. 그러나 자세한 내용을 모른 채 분위기에 휩쓸려 투자했다가 낭패를 보는 사례들도 속출하고 있으니 주의할 필요가 있다.

요즘 하도 여기저기서 '메타버스' '메타버스' 해서 알 듯 말 듯 하지만 투자자로서 메타버스에 대한 개념을 확실히 잡고 가기엔 어려움이 있다. 메타버스 관련 산업이 아직 개화되지 않은 섹터여서 그렇다. 그렇다면 메타버스란 대체 무엇이며 왜 코인 투자에서 메타버스를 언급하는 걸까?

가상현실보다 진일보한 기술력

우선, 메타버스의 개념부터 정확히 짚고 넘어가자. 메타버스(Metaverse)는 '가상'을 뜻하는 메타(meta)와 우주를 뜻하는 유니버스(universe)의 합성어로, 현실 세계와 똑같

> 메타버스란 '가상'을 뜻하는 메나(meta)와 '우주'를 뜻하는 유니버스(universe)의 합성어로 온라인상에서 구현되는 가상세계를 뜻한다.

이 온라인상에서 구현되는 3차원 가상세계를 뜻한다. 우리는 이미 가상현실(VR: virtual reality) 기술을 체험하고 있다. 아바타를 통해 게임을 하는 것이 모두 가상현실 기술 덕분이다. 메타버스는 가상현실보다 한층 더 진보된 기술력으로 현실의 나와 내 아바타가 서로 소통도 하고, 서로 다른 아바타들끼리 가상공간에서 현실과 똑같이 사회, 경제, 문화 활동을 할 수 있다는 특징이 있다.

메타버스는 특성상 게임 분야에서 두드러지게 활용되고 있다. 단적인 예로, 게임 플랫폼 '로블록스'는 코로나19 이후 사용량이 급증하면서 2019년 4분기 1,911만 명이던 유저가 2020년 3분기 3,617만 명으로 급상승했다. 그 여세를 몰아 로블록스는 뉴욕 증시에 상장되기도 했다.

국내 주식시장에서도 메타버스 관련주

> 메타버스는 가상현실에서 진일보한 기술력을 가지고 있다. 현실의 사람과 아바타가 직접 소통도 하고 아바타들끼리 가상공간에서 현실과 똑같이 모든 활동을 할 수 있다. 그런 특성상 메타버스는 게임 분야에서 급증하고 있다.

들이 관심을 받고 있다. AR(증강현실) 관련 기업 맥스트, AI 기반의 영상 VFX(Visual Effects, 시각효과) 등 콘텐츠 제작 기업 자이언트스텝 등 메타버스 관련주들이 2021년 상장 직후 한때 주가가 고공 행진한 바 있다.

02 메타버스
관련주 분석

특수효과 기업 덱스터

　메타버스가 아무리 열풍이라 해도 투자에 앞서서는 면밀한 검토가 필요하다. 어떤 식으로 분석해야 하는지 덱스터를 사례로 설명하겠다. 덱스터는 영화, CF, MV 등 영상 전반의 특수효과를 전문으로 하는 기업이다.

　덱스터는 VFX(시각효과) 분야의 오랜 노하우를 지닌 전문기업으로 영화 '신과 함께'의 CG 제작을 담당한 바 있고, 근래에는 중국영화에도 VFX 제작물을 납품하고 있다. 덱스터의 최근 3년 연결재무제표를 살펴보고 기업의 재무상태를 분석해보자.

　덱스터의 최근 3년간 연결재무제표(그림 11-1)를 분석한 결과는 다음과 같다.

　2021년 1분기 기준, 덱스터의 자산총계는 705억 원이다. 최근 3~4년간 자산 변화를 보면, 주로 현금이나 금융자산 변화에 해당한다. 자금은 단기금융

[그림 11-1] 덱스터 연결재무제표 부분 발췌(2019~2021)

덱스터_연결

	FY21 1Q	FY20	FY19	
재무상태표				
자산총계	705	685	665	
유동자산	431	410	320	
매출채권	24	17	71	
단기금융상품	285	239	163	
기타비유동자산	10	8	5	
기타비유동금융자산	175	179	190	
부채총계	134	112	111	
유동부채	122	96	77	
기타유동부채	87	73	32	
유동비율(100%미만Bad)	353.3%	427%	416%	
자본총계	571	572	553	
자기자본비율(50%이상Good)	81.0%	84%	83%	
이익잉여금	(109)	(108)	(78)	
부채비율(200%까지양호)	23%	20%	20%	
손익계산서				FY20 1Q
영업수익	68	263	554	74
영업비용	72	261	608	73
영업이익	(4)	2	(54)	1
영업이익률	-5.9%	0.8%	-9.7%	1.4%
당기순이익	(1)	(30)	(77)	17
당기순이익률	-1.5%	-11.4%	-13.9%	23.0%
현금흐름표				
영업활동현금흐름	3	165	(13)	(15)
투자활동현금흐름	(52)	(129)	17	(68)
재무활동현금흐름	(5)	49	10	44
기말의 현금및현금성자산	92	145	81	45

※ FY는 fiscal year, 즉 회계연도를 뜻한다.

자산(285억 원)과 기타비유동자산(175억 원)이 주를 이룬다. 부채비율은 23%이며, -109억 원의 결손이 발생한 상태이지만 자본잉여금이 많아서 재무적으로는 어려움이 없어 보인다.

2020년 매출액은 2019년보다 52%로 줄었다. 코로나19로 인해 영화산업이 타격을 받으니 관련 기업도 타격을 받은 모양새다. 2021년 1분기 실적은

68억 원으로 앞으로도 비슷한 하락세를 보일 전망이다.

덱스터의 주요 매출처는 2021년 상반기 기준 ㈜영화사비단길, ㈜케이퍼필름, ㈜블라드스튜디오 등이다. 재무제표 주석에서는 덱스터에서 작업 중인 미개봉 영화들을 확인할 수 있는데, 그중 VFX 효과가 가장 많이 들어가는 작품은 수주금액 140억 원의 '외계인'으로 추정된다. 이를 통해서 알 수 있는 사실은 VFX 용역 대가가 그리 높지 않다는 것이다. 영화 1편당 전체 금액에서 특수효과가 차지하는 예산은 적다. 즉 국내를 넘어 해외 영화사로부터 수주가 많아야 매출액이 커질 수 있다.

2021년 6월 22일 중국의 영화사(심천비행영시문화발전유한공사)와 '귀취등: 용령미굴, 운남충곡' 영화의 VFX 계약을 체결했다는 공시는 그런 점에서 호재로 볼 수 있다. 2021년 7월 5일에는 넷플릭스와 2년간 제작 관련 계약을 맺었다는 공시도 났다.

영화인지 드라마인지 구체적인 사항은 비밀이라며 노출되지 않았고 계약금 등 용역 대금도 나와 있지는 않지만 넷플릭스의 위력이 대단한 것만은 분명한 사실이다. 앞으로 영화, 드라마 외에도 게임 등 각종 가상현실 비즈니스에 덱스터의 기술이 사용될 수도 있을 것이다.

2022년 2월 현재 맥스트, 자이언트스텝, 덱스터 등 메타버스 관련주들은 지속적인 매출을 내지 못하면서 하락세를 보이고 있다. 이 섹터에 대한 투자자들의 신중한 자세가 필요한 이유이다.

메타버스와 코인 투자

메타버스 섹터는 어떤 특성을 가지고 있을까? 메타버스 관련 상품들은 주로 게임 및 아이템을 구매하는 형태이며, 월 구독료 형태로 판매되고 있고, 오직 가상화폐로만 거래된다는 특징이 있다. 그래서 메타버스와 코인 투자가 밀접한 연관성을 가지게 된 것이다.

> 메타버스 관련 상품들은 가상화폐로 게임 및 아이템을 구매하는 형태가 대부분이어서, 코인 투자와 밀접한 연관성을 가진다. 아미 코인, 오겜 코인 등 스캠코인도 많으니 주의를 요한다.

이를 악용한 사례로 피해를 보는 일도 생기고 있다. 예를 들어 싱가포르 소재의 가상자산 거래소 비트겟(Bitget)은 2021년 10월 27일 '아미 코인(Army coin)'을 상장시켰는데, 아미 코인은 짐작하듯이 BTS의 팬클럽 '아미(Army)'에서 이름을 차용한 코인이다. 마치 BTS의 공연 티켓이나 관련 굿즈 거래에서 이 코인만 사용될 것 같은 착각을 불러일으키는 네이밍에, "BTS의 수익 극대화를 위해 존재한다(ARMY coin exists for the benefit of BTS.)"라는 홍보 문구를 유포하며 투자자들을 끌어모았지만, 실제 BTS와는 무관한 코인이다.

결국 비트겟은 싱가포르에서 퇴출당했지만, 한때 13,000%까지 급등하는 일도 벌어졌다. 넷플릭스의 '오징어게임' 인기를 등에 업고 발행된 '오징어게임 코인(SQUID Token) 또한 아미 코인과 마찬가지로 스캠코인이다.

NFT는 디지털 아이템을 블록체인상에 배치한 토큰에 해당합니다. 블록체인에 배치된 아이템은 단 하나로 존재한다는 의미로 대체 불가능한 토큰이라고 합니다. 디지털 아이템 특성상 무한 복제가 가능한 위험을 차단해 저작권을 보호하고 코인 판매로 수익을 창출하기 위해 NFT가 개발된 것입니다. 아바타와 게임 악세서리 같은 게임 영역은 물론이고 텍스트, 동영상, 그림 등 디지털로 만들 수 있는 모든 것이 NFT가 될 수 있다는 점에서 NFT의 가능성은 무궁무진합니다. 본문은 NFT를 이해하기 쉽게 핵심만 잘 설명하고 있고 실제로 행해지고 있는 NFT의 현재와 사례들을 소개하고 있습니다. 근래에 급부상하고 있는 섹터이기 때문에 주의해서 지켜볼 이슈들도 정리했습니다.

12장

NFT 이것만 알면 된다!

01 왜 게임에서 시작되었나?

내 아바타의 무단도용을 막아라!

가상화폐의 원조 중 하나가 디지털 게임 머니이다. 게임 세계에서 유저들은 디지털 머니로 땅도 사고 아바타도 사고 초능력 무기도 산다. 메타버스 섹터가 발전하면서 게임 액세서리나 아바타 같은 디지털 아이템도 풍부한 상상력과 창의력이 더해져 한층 발전한 아트워크가 되었다. 거의 예술 작품의 경지에 올랐다고도 할 수 있다.

> NFT란 대체 불가능한 토큰(Non-Fungible Token)이라는 뜻으로 디지털 아이템을 블록체인상에 등록해 이를 코인화한 것을 말한다. 블록체인에 배치된 코인은 삭제 및 위변조가 불가능하다는 점에서 NFT가 각광을 받고 있다.

그러다 보니 자연스럽게 이런 문제가 생겼다. "완벽한 커스텀 스킨을 갖춘 내 아바타가 무한복제되면 어쩌지? 내 아바타가 무단도용 당하지 않을 방법은 없을까?"

그 답으로 나타난 것이 바로 NFT이다.

코린이를 위한 친절한 가상화폐 투자

즉, 디지털 아이템을 대체 불가능한 토큰(Non-Fungible Token)으로 만들어 블록체인상에 배치하는 것이다. 블록체인 특성상 한번 생성된 NFT는 삭제될 수 없고 변조도 불가능하다. 블록체인에 배치된 디지털 아이템은 단 하나로 존재하고 각각의 고유값을 지닌다는 점에서 대체 불가능하다.

요컨대 NFT란 특정 자산을 블록체인상에 디지털 파일로 저장한 토큰으로 고유값을 지닌 것을 말한다. 따라서 NFT는 텍스트, 이미지, 오디오, 비디오 등 각종 디지털 콘텐츠만 가리키는 것이 아니라, 해당 파일의 속성과 소유권자 및 작품의 내역, 미디어 링크 등등 광범위한 부분을 모두 포함하게 된다.

ERC-721과 크립토키티

NFT를 발행하는 행위를 화폐 주조라는 의미로 민팅(minting)이라고 한다. 블록체인상에 NFT를 만드는 민팅 작업은 카운터파티(Counterparty) 등 다양한 플랫폼에서 가능하지만, 이 용도를 위해 이더리움은 ERC-721라는 스마트 컨트랙트를 만든 바 있다.

원래 ERC-721은 크립토키티(CryptoKitties)라는 게임을 만드는 데 처음 사용되었다. 크립토키티는 고양이를 입양해 기르고 번식시킨 뒤 멋진 이름을 붙여 되팔 수도 있는 게임이다. 귀여운 키티 캐릭터가 마치 수집품처럼 거래되는 일이 유행되면서,

> 민팅(minting)이란 NFT를 발행하는 행위를 가리킨다. 민팅을 위해 이더리움은 ERC-721라는 스마트 컨트랙트를 개발한 바 있다.

크립토키티는 한때 최고가 17만 달러에 판매되기도 했다.

그러나 크립토키티는 출시된 지 1년 만에 블록체인상의 허점을 드러내며 인기를 잃고 말았다. 크립토키티 인기가 높아지는 만큼, 이 게임이 기반으로 하고 있는 이더리움 블록체인 트래픽이 급속히 증가하면서 스마트 컨트랙트의 처리 시간이 현격히 더뎌진 것이었다. 이에 이더리움을 통해 계약이나 금융거래를 하려는 유저들에게 피해가 가게 되었고, 크립토키티를 이용하는 유저가 지불해야 할 수수료 또한 수십 배 넘게 급증했다. 아무리 게임이 재밌어도 수수료가 지나치게 높다면 이용자가 줄어드는 게 당연하다.

이처럼 크립토키티는 블록체인 특성상 거래(transaction)가 발생할 때마다 수수료를 내야 하는 블록체인의 허점을 드러낸 사례라고 볼 수 있다.

NFT는 게임만이 아니라 예술을 비롯해 모든 영역으로 빠르게 확산되고 있다. 특히 복제품 및 위변조로 인해 많은 어려움을 호소하는 디지털 아티스트들에게 NFT는 반가운 소식이었을 것이다.

"고해상도 그림 파일로 제작된 내 작품이 수백 장 복제된다면? 내 작품이 무단으로 마구 도용된다면?"

디지털 아티스트들은 자신의 작품을 판매하면서도 그런 우려에서 자유로울 수 없었다. 그런데 NFT가 그런 문제의 답이 될 수 있고 많은 디지털 아티스트들에게 희망이 될 수 있다.

카카오톡 클립드롭스

일례로, 프랑스 파리의 거리 예술가 파스칼 보야르(Pascal Boyart)는 그의 벽화 "Daddy What's Money?"의 #1 파트를 토큰화하여 오픈시(OpenSea)라는 시장에 25이더(5,000달러)로 판매하는 흥미로운 실험을 진행하고 있다.

2021년 7월 28일 오전 9시, 카카오톡 내 가상자산 지갑 클립에서는 미스터 미상(Mr Misang) 작가의 디지털 아트 '크레바스(Crevasse) #01'의 NFT가 총 999개 중 999개가 27분 만에 완판되었다는 뉴스가 있었다. 거래 대금은 1억 1,600만 원에 달했다.

> NFT는 디지털 작품의 무단도용을 방지하고 저작권을 보호해주며 수익 창출의 수단이 되고 있다.

> 카카오톡의 클립드롭스에서 판매된 첫 NFT는 '크레바스'라는 작품인데, 총 999개의 NFT가 27분 만에 완판되는 일이 있었다.

[그림 12-1] 벽화의 일부를 NFT화한 사례

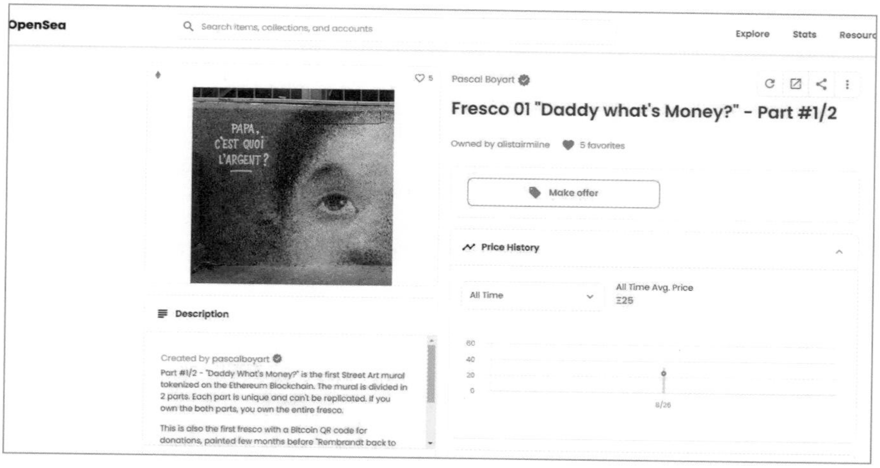

OpenSea — Search items, collections, and accounts — Explore — Stats — Resour

Pascal Boyart
Fresco 01 "Daddy what's Money?" - Part #1/2
Owned by alistairmilne — 5 favorites

Make offer

Price History

All Time | All Time Avg. Price ₹25

Description

Created by pascalboyart
Part #1/2 - "Daddy What's Money?" is the first Street Art mural tokenized on the Ethereum Blockchain. The mural is divided in 2 parts. Each part is unique and can't be replicated. If you own the both parts, you own the entire fresco.

This is also the first fresco with a Bitcoin QR code for donations, painted few months before "Rembrandt back to

※ "Daddy What's Money?" Part #1/2 by Pascal Boyart. OpenSea.

이는 그라운드 X가 그 전 달 문을 연 '클립드롭스(Klip Drops)'에서 판매된 NFT의 첫 사례였다. 그라운드 X는 카카오의 자회사로 블록체인 플랫폼 '클레이튼'을 제작한 바 있고 이를 빗썸에 상장하기도 했다.

[그림 12-2] 카카오톡 클립드롭스에서 최초 판매된 NFT

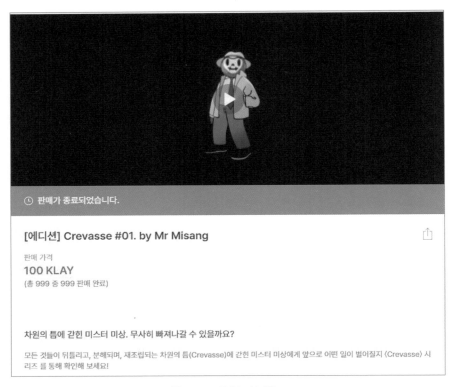

※ 'Crevasse #01' by Mr Misang

02 ▶ 독창성만으로도 돈이 되는 신세계

위조나 손실 없이 영구 보존

2021년 7월 22일, 고(故) 스티브 잡스가 1973년 손으로 썼던 입사지원서가 원본과 함께 NFT 버전으로 경매에 나왔다. 그날 낮 12시 기준, 경매액 최고가는 원본이 1만 4,000달러, NFT 버전이 703.90달러였다. 잡스의 입사지원서 원본은 같은 해 3월에도 경매에 나와 22만 2,000달러(약 2억 5,500만 원)에 팔린 바 있었다.

훈민정음 해례본도 NFT로 발행된다. 훈민정음 NFT 버전은 총 100개로 001번부터 100번까지 고유번호가 붙으며 가격은 개당 1억 원이다. 100개 한정판이라는 희소성이 구매 욕구를 불러일으킬 것이다. NFT 구매자들은 자신의 소유권을 증명할

> NFT로 큰 수익을 내는 사례가 많아지고 있다. 마이크 윈켈만은 NFT 전용 작품을 만드는 예술가로, 그의 작품은 경매에서 6,930만 달러에 팔리기도 했다.

수 있는 개인키를 지급받는다.

그뿐만 아니라, 블록체인 특성상 소유권과 과거의 모든 거래 내역이 투명하게 보존되며 최초 발행자를 쉽게 확인할 수 있어, 위조나 손실 우려 없이 자산이 영구히 보존된다는 장점이 있다. 훈민정음 NFT 판매자 측인 간송미술관은 높은 판매수익으로 문화재 보존 및 연구 재원을 마련할 수 있으니 일거양득이다.

NFT 전용 작품으로 큰 수익을 낸 예술가도 있다. 대표적인 사람이 비플(Beeple)이라는 예명을 쓰는 마이크 윈켈만(Mike Winkelmann)이다. 비플의 디지털 아트 중 'Everydays: The First 5000 Days'라는 작품은 크리스티 경매에서 6,930만 달러에 팔렸다. 이는 생존작가 작품 중 제프 쿤스(Jeff Koons)와 데이빗 호크니(David Hokney)의 작품에 이어 세 번째로 비싼 미술품이라는 경이로운 기록이었다.

1981년생인 마이크 윈켈만은 퍼듀대학에서 컴퓨터공학을 전공한 공학도였다. 졸업 후 웹디자이너로 일하기도 했지만, 그는 사실상 미술이나 디자인을 전공하지 않은 이른바 비전공자였다. 그러나 독창성 있는 NFT로 높은 수익을 창출하고 있다는 점에서 NFT의 무궁무진한 가능성을 엿보게 해주는 사례라 할 수 있다.

NFT를 둘러싼 이슈들

많은 가능성에도 불구하고 NFT는 여전히 풀어야 할 과제들을 안고 있다.

근본적인 질문은 "인터넷에서 검색 가능한 디지털 자산을 굳이 돈 주고 살 필요가 있을까?"이다. 즉 NFT 열풍이 단기적인 투기 과열 현상일 수 있다는 지적이 가능하다.

> NFT는 독창성만으로 큰돈을 벌 수 있는 투자의 신세계이지만, 단기적인 투기 현상일 수 있고 저작권 관련 이슈와 세금 문제 등 해결해야 할 과제가 있다.

다음으로 가장 논란이 되는 것 중 하나가 소유권과 지적 재산권의 문제다. 앞서 보았던 크립토키티 등 게임 회사가 운영하는 게임들은 기본적으로 탈중앙화된 프로젝트가 아닌, 중앙 관리자의 통제하에 있다. 이는 지적 재산권이 구매자(게임 유저)인 디지털 자산 소유자에게 있지 않다는 뜻이기도 하다. 크립토키티의 경우 지적 재산권은 게임 개발자인 댑퍼 랩스(Dapper Labs)에 있다.

비슷한 수집용 게임이면서도 완벽히 탈중앙화된 프로젝트도 있다. 예를 들어, 디센트럴랜드(Decentraland)라는 게임이 그런데, 디센트럴랜드는 마나(MANA)라는 토큰을 사용해 사이버상에서 토지를 구입하고 무료로 자체 앱을 만들어 수익을 창출할 수 있다. 창작자는 창작물에 대한 모든 권리를 보유하며 프로젝트는 탈중앙화된다. 토지의 구획은 랜드(LAND)라는 명칭의 ERC-721 토큰인 NFT로 발행된다. MANA 토큰은 LAND로 교환되면서 소각된다.

지적 재산권에 관련해 그 반대의 문제도 생각해볼 수 있다. 즉 자산을 디지털화하는 과정에서 원작자의 저작권이 침해될 수 있다. 레오나르도 다 빈치의 '모나리자'를 디지털 아트로 재탄생시켜 NFT로 수억 원을 벌어들였다면 원작 '모나리자'의 저작권자는 어떻게 반응할까? 비슷한 사례로, 에르메스 버킨백을 주제로 디지털 작품을 만들어 NFT로 발행해 10억 원가량을 판매한 일이 있는데, 에르메스 측은 저작권 침해를 주장하며 크게 반발했다고 한다.

그럼에도 NFT는 창작자들의 권한을 더욱 강화할 수 있는 가능성을 안고 있다. 음원을 예로 들면, 현재 작곡자나 작사자 등 창작자들은 음원 스트리밍 회사의 통제 아래 놓이는 경우가 많아 수입 면에서 불리한 입장이다. 그러나 창작자가 자신의 음원을 NFT로 발행하는 경우, 로열티를 영구적으로 자신에게 돌아오게 설정할 수 있다.

NFT는 투자소득 과세에 대해서도 논란의 여지가 있다. 우리나라는 2021년 2월로 예정되었던 가상자산 과세를 유보한 상태이며, NFT에 대해서는 명확한 규정이 없다. 앞서 NFT 전용 작품으로 큰 수익을 냈다는 마이크 윈켈만은 수천만 달러의 세금을 물게 됐다고 호소하기도 했다.

NFT의 주요 이슈를 정리하면, 단기적인 투기 열풍, 지적 재산권에 대한 논란, 세금 문제 등이다. 이런 문제에도 불구하고 저작권자의 권리를 더욱 강화할 수 있다는 장점 때문에 NFT 섹터가 각광을 받는 것 같다.

너도나도 메타버스와 NFT 투자에 휩쓸리기 쉬운 시장의 분위기다. 투자자들은 이런 장단점을 명확히 인식하고 NFT 투자에 임할 필요가 있다.

부록

1. 신정부 코인 투자 시장의 변화와 전망

2. 코인 투자자를 위한 유용한 정보 채널

1. 신정부 코인 투자 시장의 변화와 전망

다음 내용은 가상화폐 관련 윤석열 정부가 내세운 공약 사항입니다. 본문에서 언급한 코인 투자 법적 내용에 관련해 비교적 큰 변화가 있을 것으로 전망되므로 참고할 필요가 있기에 여기에 수록합니다. 핵심은 기존의 법적 규제를 완화해 가상화폐 시장을 활성화한다는 것입니다.

1. 신정부 코인 투자 방향

★ 코인 개미투자자의 디지털자산 안심 투자 환경 및 보호장치 마련

- 코인 투자 수익 5,000만 원까지 완전 비과세(先정비, 後과세 원칙)

- 디지털자산 기본법 제정 및 디지털산업진흥청 설립

  - 코인 부당거래 수익, 사법 절차를 통해 전액 환수

  - 해킹, 시스템 오류 발생 대비 보험제도 도입·확대

  - 디지털자산 거래계좌와 은행을 연계시키는 전문 금융기관 육성

- 국내 코인 발행(ICO) 허용

  - 우선 안전장치가 마련된 거래소 발행(IEO) 방식부터 시작

  ※ IEO(Initial Exchange Offering): 투자자가 거래소를 통해 코인 프로젝트에 참여하는 방법. 거래소가 중개인이 되어 프로젝트와 투자자 사이에서 검증자와 중개의 역할을 담당함으로써 위험을 줄일 수 있음. 관련 내용은 본문 p.125 이하를 참조할 것.

★ 메타버스 지원

- NFT 등 토큰경제 활성화 위한 금융체계 개편

  - 가상-현실 간 융합 활성화 통한 혁신 서비스 출시로 국민 편의성 증대

코린이를 위한 친절한 가상화폐 투자

- P2E 게임 허용 및 산업 활성화 위한 규제 철폐
- 가상화폐의 국내 ICO 전면 허용(IEO 거래소 개설 후)
- 블록체인, 메타버스 관련 스타트업 육성 강화
- 미래 일자리 창출 위한 블록체인 산업 국가 비전 선포
  - 사회적 약자의 디지털자산 시장 소외 방지책 마련
  - ICO 허용 및 해외거래 가능 상품의 국내 출시·거래 허용; 규제샌드박스 확대

★ K-컬처 스타트업 지원

- 민간 콘텐츠업체 NFT 시장 활성화 위한 저작권법 제도 정비 및 유통 지원

2. 개미투자자가 주목할 사항

- 가상화폐 관련
  - 2017년 12월 정부의 '가상통화 관련 긴급대책'에 따라 금융기관들의 가상자산 직접 투자가 금지되고 관련 사업의 진출 역시 보수적으로 이뤄져왔으나, '디지털자산기본법'을 통해 가상자산에 관한 규제체계가 수립되고 제도화된다면 금융기관의 투자 및 관련 사업 진출 역시 확대될 전망이다.
  - ICO 제도화로 인해 기업들이 자금을 모집할 수 있는 새로운 통로가 확보되고 P2E 게임이 허용되는 등 관련 규제가 완화되어 가상자산이 다양한 산업 분야에 적용될 것으로 보인다.

2. 코인 투자자를 위한 유용한 정보 채널

주식이나 부동산 투자도 정보가 중요하듯이 다른 투자자들보다 양질의 정보를 먼저 취득하는 것이 투자에서 중요한 고지를 점령하는 길일 것이다. 좋은 정보원 중에 하나가 SNS이고 그중에서도 트위터라고 할 수 있다. 코인 개발자들은 그들이 개발한 코인 정보를 홍보하고 대중과 소통하기 위해 대부분 트위터를 한다. 트위터에서 코인 투자 관련 알짜 정보들이 나오기도 하므로 주요 트위터 계정은 주기적으로 들어갈 필요가 있다. 부록에서 코인 투자에 도움이 될 주요 트위터들을 소개한다.

다음은 주요 코인의 개발자 및 프로젝트 재단의 창립자 트위터 계정들이다.

이더리움, 비탈리크 부테린(https://twitter.com/VitalikButerin)

비트코인캐시, 우지한(https://twitter.com/JihanWu)

리플 브래드, 갈링하우스(https://twitter.com/bgarlinghouse)

이오스, 대니얼 라리머(https://twitter.com/bytemaster7)

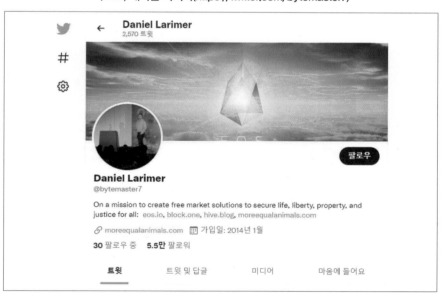

바이낸스, 창펑자오(https://twitter.com/cz_binance)

코인베이스, 브라이언 암스트롱(https://twitter.com/brian_armstrong)

코린이를 위한 친절한 가상화폐 투자

다음은 주요 코인 프로젝트 재단의 트위터 계정들이다.

칠리즈 프로젝트(https://twitter.com/Chiliz)

폴카닷 프로젝트(https://twitter.com/polkadot)

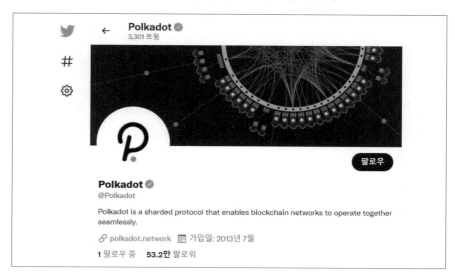

체인링크(https://twitter.com/chainlink)

트론 프로젝트(https://twitter.com/tronfoundation)

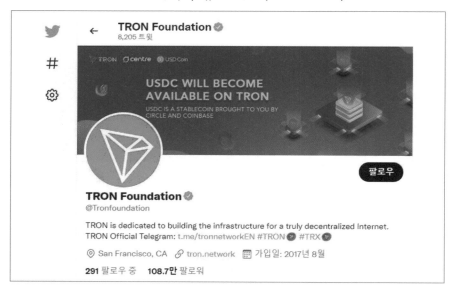

코린이를 위한 친절한 가상화폐 투자

다음은 코인 투자 관련 알짜 정보들을 획득할 수 있는 매체들이다.

비트코인닷컴(https://news.bitcoin.com/)

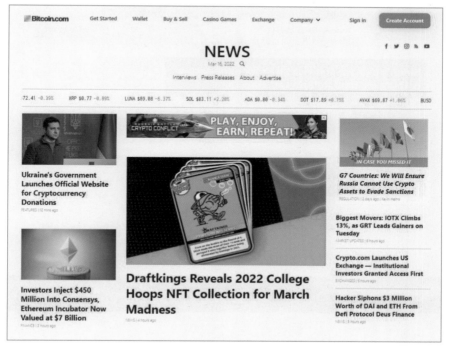

비트코인닷컴은 비트코인과 관련된 뉴스들을 실시간으로 제공해주고 있다.
해외의 여러 소식을 수집하기 좋으며 비트코인 지갑 서비스와의 거래도 지원한다.

코인텔레그래프(https://cointelegraph.com/)

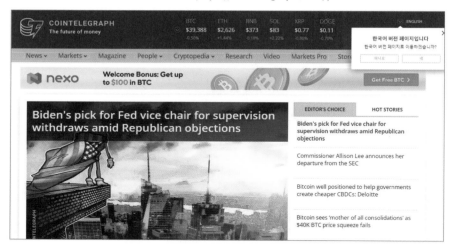

코인텔레그래프는 전통적인 코인 전문 글로벌 뉴스 사이트로,
해외의 주요 소식들과 해외 비트코인 전망을 알아보기에 좋다.

코인니스(https://coinness.live/)

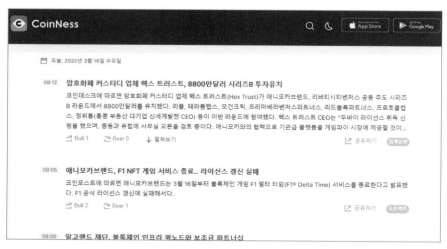

코인니스는 국내 코인 관련 뉴스 사이트 중에서도 빠르고 간단하게 소식을 실시간으로 업데이트해준다.
코인과 관련한 주요 인사들과 기관들의 트위터 소식, 각종 언론들의 코인 뉴스를 업데이트하며, 주요 기관들의
코인 보유량, 비트코인의 대량 이동 정보, 테더(USDT)의 발행 소식 등 유용한 정보를 얻을 수도 있다.